SÉ DEVOTO

"Este es un libro que condensa la aportación y la experiencia más valiosa de Bob Schuchts trabajando con matrimonios. Tiene la potencia de refrescar y dar un nuevo comienzo a cualquier matrimonio. Va quitando capas para poder abrir el corazón al otro y descubrir aspectos que siempre pueden sanar, gracias a la presencia de un Dios vivo".

Rebeca Barba
Autora de *Amar en cuerpo y alma* y conferencista certificada en Teología del Cuerpo

"Recomiendo encarecidamente *Sé devoto* a todas las parejas comprometidas y casadas. El doctor Bob Schuchts ofrece este tipo de consejos prácticos. Tengo amigos que han incorporado las enseñanzas de este libro en su relación y dicen que ha transformado su matrimonio".

Padre Burke Masters
Pastor de la iglesia St. Isaac Jogues en Hinsdale, Ilinois

"Si estás buscando generar la confianza, la intimidad, la alegría y la pasión en tu matrimonio, ¡necesitas este libro!"

Hermana Miriam James Heidland, SOLT
Autora de *Amado como soy*

"Este libro será un tremendo regalo para todas las parejas casadas y comprometidas y para quienes los ministran".

Del prólogo de **Christopher y Wendy West**
Instituto de Teología del Cuerpo

SÉ DEVOTO

Restaurar la amistad, la pasión y la comunión en tu matrimonio

BOB SCHUCHTS

Nihil Obstat: Hector R. G. Perez, S.T.D.
Censor librorum

Imprimátur: Reverendísimo William A. Wack, D.D., C.S.C.,
Obispo de Pensacola–Tallahassee
Dado en Pensacola, Florida, el 29 de julio de 2019

El *Nihil Obstat* y el *Imprimátur* son declaraciones oficiales de que un libro o folleto está libre de errores doctrinales o morales. No se da a entender que aquellos que han otorgado el *Nihil Obstat* o el *Imprimátur* estén de acuerdo con su contenido, opiniones o declaraciones expresadas.

Traducido por Kris Fankhouser.

Fundada en 1865, Ave Maria Press es un ministerio de la Provincia de Santa Cruz de los Estados Unidos.

www.avemariapress.com

Libro de bolsillo: ISBN-13 978-1-64680-313-2

Libro electrónico: ISBN-13 978-1-64680-314-9

Imagen de la portada © iStock / Getty Images Plus. El diseño de la portada es de Brian C. Conley.

El diseño del texto es de Andy Wagoner.

Impreso y encuadernado en los Estados Unidos de América.

Los datos de catalogación en publicación de la Biblioteca del Congreso están disponibles.

EN MEMORIA DE MI AMADA ESPOSA, MARGIE.

Mientras te imagino ahora en el cielo, veo tu belleza radiante, viviendo plenamente como la persona amable, alegre y generosa que tú eres. Todos los días, veo tu reflejo en nuestros hijos y nietos. Estoy eternamente agradecido con Dios por traerte a salvo a sus brazos y por el legado de amor que nos dejaste.

ÍNDICE

PRÓLOGO

de Christopher y Wendy West

San Juan Pablo II alentó incansablemente a los católicos a incorporar su experiencia vivida de fe y la visión católica de la vida humana y el amor en sus esfuerzos profesionales. Nuestro amigo Bob Schuchts lo ha hecho excepcionalmente bien en su larga carrera como terapeuta al servicio de matrimonios y familias, como maestro y líder ministerial y, por supuesto, en este libro, que será un tremendo regalo para las parejas casadas y comprometidas y aquellos quienes los ministran.

Nuestro amor mutuo por san Juan Pablo II y su teología del cuerpo fue el catalizador que nos permitió conocer a Bob en el 2006. Durante algún tiempo antes de eso, yo (Christopher) me había encontrado con parejas de todo el país que habían recibido la sanación marital a través del ministerio de Bob. Cuando continué escuchando acerca de su trabajo, sentí que el Espíritu Santo me empujaba a hacerme amigo de Bob y, poco después, a invitarlo a enseñar en el Instituto de Teología del Cuerpo.

Uno de los primeros eventos que hicimos juntos fue un retiro para parejas casadas. La parte de la enseñanza de Bob ese fin de semana incorporó gran parte de este material en *Sé devoto*. Puedo dar fe de su poder para traer transformación a las parejas, ya sea que hayan estado casados durante sesenta años o que estén recién comprometidos. Bob no solo tiene una comprensión integral de la enseñanza de la Iglesia, sino que también puede hacerla accesible y aplicable de maneras muy prácticas. Su uso de historias personales y conmovedoras y su humildad al compartir sus propias debilidades y fallas en el matrimonio hacen que este libro sea aún más identificable y relevante.

He tenido el privilegio de pasar tiempo con la familia de Bob en varias ocasiones a lo largo de los años. Me entristeció profundamente cuando escuché que su esposa, Margie, murió repentinamente en septiembre de 2017. Era una persona muy bondadosa y sorprendentemente diferente en personalidad y temperamento que Bob. No estoy seguro de haber conocido a una pareja casada que se amara tanto en sus diferencias. El poder de su amor en sus diferencias fue un testimonio e inspiración para mí al amar a Wendy en sus diferencias.

Yo (Wendy) conocí a Bob por primera vez cuando se quedó en nuestra casa después de uno de los cursos de Christopher en 2006. Nuestras conversaciones eventualmente se convirtieron en algunas dificultades que Christopher y yo estábamos teniendo en nuestro matrimonio. Me impresionó no solo la profunda disposición de Bob para escuchar, sino también sus agudas percepciones. El consejo que brindó también resultó ser muy fructífero en nuestra relación. Ese mismo consejo está bellamente trazado en este libro, y confío en que también dará grandes frutos en tu vida.

Juntos, queremos animarte a que leas este libro detenidamente y luego lo pongas en práctica. San Juan Pablo II escribió que quien busca en el matrimonio la realización de su propia vocación humana y cristiana está llamado "ante todo" a hacer de la teología del cuerpo el contenido de su vida y su modo de vivir (ver Tob 23: 5). Bob ha hecho un tremendo servicio a sus lectores al ayudarlos de manera muy sólida y práctica a hacer precisamente eso.

INTRODUCCIÓN

Que entre ustedes el amor fraterno sea verdadero cariño.
—Romanos 12:10

¿Alguna vez has tenido una sola conversación con tu cónyuge o alguien cercano a ti que cambió completamente la dirección de tu vida? Este libro y todo lo que representa es el fruto de una de esas interacciones con mi difunta esposa, Margie, hace muchos años. La conversación fue en realidad una discusión acalorada durante la temporada más tumultuosa de nuestro matrimonio. Para entonces llevábamos casados doce años y todo parecía genial por fuera. Ambos disfrutábamos de nuestras carreras profesionales y finalmente pudimos comprar nuestra primera casa en un vecindario amigable con una excelente escuela primaria para nuestras hijas, Carrie y Kristen. A pesar de estos signos externos de felicidad, las cosas no eran tan buenas para mí por dentro. Mis heridas sin cicatrizar y los conflictos no resueltos en nuestro matrimonio, que explicaré en detalle a lo largo del libro, me llevaron a retirar mi afecto a Margie. Dudando seriamente de nuestro amor mutuo, yo estaba aterrorizado de que estos sentimientos algún día pudieran conducir al divorcio. Sin embargo, todavía estaba tratando de asegurarle a Margie y convencerme a mí mismo de que estaba comprometido con nuestro matrimonio y nuestra familia como lo había prometido el día de nuestra boda. Pero Margie, viendo a través de mi fachada, entendió la condición de mi corazón mejor que yo. Como nunca se anda con rodeos, su respuesta no tuvo precio (y la motivación del título de este libro): "No quiero tu compromiso a medias. Quiero tu *devoción*".

Aunque traté de justificarme, la verdad de sus palabras atravesó mis defensas y me golpeó hasta el centro. En ese momento me di cuenta de que no era suficiente seguir casado por miedo a causar más dolor o por la obligación de hacer lo correcto. Esos eran buenos motivos, pero no lo suficientemente buenos. Dios me estaba llamando a mucho más: a dedicarme de todo corazón a mi esposa y a nuestros hijos. Sin embargo, a pesar de reconocer la verdad de sus palabras, me sentí completamente impotente. Emocionalmente en bancarrota, apenas aguanté durante este período más oscuro de nuestro matrimonio. Todavía no había recorrido mi sanación personal que tanto necesitaba, ni había descubierto muchas de las verdades que cambian la vida y que estoy a punto de compartir contigo en este libro.

Mirando hacia atrás, me doy cuenta de que este fue uno de los momentos decisivos de mi vida. Mis elecciones establecerían el curso futuro de nuestro matrimonio y vida familiar. Estas decisiones me afectarían a mí, a Margie, a nuestros hijos y a muchos otros por el resto de nuestras vidas. Me di cuenta, como nunca antes, de cuánto necesitaba desesperadamente la ayuda de Dios. Aunque creía en Dios, yo había confiado en gran medida en mí mismo y en mi formación profesional en asuntos matrimoniales. Pero en este momento de mayor conciencia, comprendí que ni mi formación universitaria ni mis años de experiencia como terapeuta matrimonial y familiar eran suficientes. Solo Dios podía cambiar mi corazón y salvar nuestro matrimonio[1].

En los años posteriores a esa confrontación que cambió mi vida, he tenido muchas oportunidades de reflexionar sobre lo que significa ser *devoto* como esposo, padre y seguidor de Jesucristo. Como cultura, hemos devaluado la "devoción", al igual que hemos degradado el Sacramento del Matrimonio. Pero la devoción nunca puede pasar de moda, porque no es otra cosa que el amor genuino, que todo ser humano necesita y en definitiva desea. *Ser devoto es conocer el amor verdadero y duradero*.

Estas virtudes eternas de amor apasionado, afecto, fidelidad y dedicación son tan esenciales hoy como lo han sido siempre. Son fundamentales para disfrutar de un matrimonio saludable y feliz, así como lo son para nuestro bienestar espiritual. De hecho, la devoción conyugal y la devoción espiritual van de la mano. La devoción genuina en el matrimonio es un subproducto de nuestra devoción incondicional a Dios. Las definiciones de *devoto* cuentan la historia: "comprometer por un acto solemne"[2], "apropiarse por . . . un voto; apartar o dedicar por un acto solemne o formal; consagrar"[3]. Todas estas definiciones hablan de aspectos esenciales del Sacramento del Matrimonio[4].

Al dedicarnos el uno al otro en la alianza del matrimonio, renunciamos a nuestra vida de solteros por una mayor realización y responsabilidad. Nos ponemos de pie ante Dios y la comunidad para declarar nuestro deseo y voluntad de entrar juntos en una nueva vida. Nos profesamos nuestros votos el uno al otro y permitimos que Dios fortalezca el vínculo. Pedimos que Dios "derrame misericordiosamente la bendición de su gracia y haga de un solo corazón en amor aquellos a quienes ha unido por una alianza santa"[5].

El amor fiel y apasionado de Dios se refleja en los sinónimos de *devoto*. Mientras lees estos sinónimos, te invito a pensar en tu propio matrimonio (ya sea pasado, actual o futuro), así como en el matrimonio de tus padres, para ver qué tan bien describen estas palabras la calidad y la naturaleza de cada relación. Estos sinónimos de *devoto* nos dan un resumen de cómo es el amor verdadero:

- leal
- fiel
- verdadero
- comprometido
- dedicado
- cariñoso
- amoroso
- afectuoso
- bondadoso
- apasionado

Ya sea que estés casado o no, sospecho que estas descripciones de devoción expresan tus deseos más profundos de cómo *quieres* ser amado: por Dios, tu cónyuge y cualquier otra persona con quien te sientas cercano. En el fondo todos queremos ser amados y amar de esta manera, con cariño y constancia. Queremos un amor mutuo que sea verdadero y dedicado, pero al mismo tiempo apasionado e íntimo. Este tipo de amor expresa el corazón de Dios por cada uno de nosotros. Creo que es también el tipo de amor que él desea para todo matrimonio.

Sin embargo, muchos de nosotros en este mundo roto experimentamos lo contrario. Los siguientes antónimos de *devoto* describen lo que soportan demasiadas parejas casadas: una relación sin amor, sin afecto genuino. Nuevamente, te invito a leer estas palabras lentamente y recordar cuándo experimentaste una relación sin devoción y cómo te sentiste. Estos antónimos hablan de la realidad de una relación sin amor:

- desamoroso
- desapegado
- distante
- de corazón duro
- antipático
- inflexible
- indiferente
- insensible
- sin corazón
- poco romántico

Me avergüenza admitir que estos antónimos de *devoto* describen el estado de mi corazón cuando Margie me confrontó. No la culpo por estar enojada y llamarme a más. ¿Quién realmente quiere una relación así? Nadie quiere estar casado con alguien que no tiene corazón ni amor. No creo que ninguna pareja de novios comience a buscar matrimonio sin devoción. Sé que no lo hicimos. Pero trágicamente, demasiadas relaciones terminan ahí. Estas descripciones revelan un matrimonio en el que falta una devoción sincera. Lamentablemente, esta falta de amor dedicado entre los cónyuges se propaga como un cáncer que afecta a todos los que los rodean. Sin devoción, los lazos de miedo y autoprotección reemplazan los lazos saludables de amor y de afecto, no solo en el matrimonio sino también en toda la familia. Muchas personas se ven afectadas negativamente cuando una pareja casada no es devota, primero en su relación con Dios y luego entre ellos.

Al reflexionar sobre la historia de tu propia vida, ¿puedes ver dónde has experimentado la satisfacción que proviene del amor devoto frente a el dolor que inevitablemente surge sin la devoción? He experimentado ambas realidades en el hogar de mi niñez y en mi propio matrimonio, así que conozco la alegría del amor devoto y la angustia que surge cuando falta. Compartiré más sobre estas experiencias a lo largo del libro.

Si los sinónimos del amor *devoto* describen tu matrimonio o tu vida familiar mientras crecías, has sido bendecido al conocer el amor verdadero. Para ti, este libro se basará en los buenos cimientos que ya se han establecido, al mismo tiempo que te brinda ideas y habilidades prácticas para cultivar una intimidad aún más profunda y satisfactoria con tu cónyuge y tu familia. También te ayudará a sanar de cualquier dolor relacional pasado que podría obstaculizar tu amor y tu devoción en el futuro.

Si los antónimos describen más adecuadamente tu matrimonio, relaciones pasadas o el matrimonio de tus padres, descubrirás en este libro herramientas invaluables para brindar una sanación profunda a tu corazón roto y a tus relaciones rotas, y a las de tu cónyuge y de tus hijos, al mismo tiempo que ofrece un modelo para un amor marital saludable y vivificante.

Si aún no estás casado, pero deseas casarte pronto o en el futuro, no puedo pensar en una mejor manera de prepararte para el tipo de relación que te brindará a ti y a tu futuro cónyuge el conocimiento y las habilidades que necesitas para dedicarte entre sí de por vida, y para sanar heridas relacionales pasadas y presentes. Hoy en día, las relaciones íntimas antes del matrimonio pueden ser extremadamente dañinas porque muchas de ellas carecen de pureza, de fidelidad y de devoción. Como resultado, muchas parejas se casan con el corazón roto sin siquiera saberlo. Si esta es tu situación, es posible que necesites tiempo para sanar antes de iniciar otra relación. Debes restaurar tu capacidad para confiar y tener intimidad, a través de la sanación de estas heridas pasadas.

Si actualmente viven juntos y no están casados, los animo a leer este libro con la esperanza de encontrar lo que realmente están buscando: el amor genuino. Creo que descubrirán que las ideas y actividades contenidas en este libro les brindan el conocimiento que necesitan para tener el tipo de amor duradero y fiel que buscan.

Si eres párroco, terapeuta, mentor matrimonial, maestro, director espiritual o quizás amigo de una pareja que necesita aliento, encontrarás en estas páginas un modelo confiable sobre cómo educar, sanar y apoyar matrimonios de acuerdo con el diseño infalible y edificante de Dios.

En mis treinta y cinco años como terapeuta matrimonial y familiar, descubrí ideas valiosas sobre el amor devoto a través de las parejas y personas a las que asesoré. También me reuní con muchos solteros, célibes, divorciados o viudos. Me di cuenta de esas variadas experiencias que todos tenemos heridas relacionales similares de amor distorsionado. Sin embargo, no importa cuánto nos hayan dañado las experiencias falsas y superficiales de "amor", todos compartimos una sed insaciable de satisfacción duradera en nuestras relaciones íntimas. Si lo deseas, sin importar en qué estado de vida te encuentres ahora, confío en que este libro te resultará una valiosa fuente de inspiración y de aliento.

Sé devoto tiene sus raíces en las hermosas y vivificantes enseñanzas de la Iglesia católica sobre las relaciones. A lo largo del libro me baso generosamente en las Escrituras y las enseñanzas de la Iglesia, especialmente en los escritos de san Juan Pablo II. También me referiré a terapeutas, investigadores y autores muy respetados que han escrito libros reveladores sobre las relaciones y el matrimonio. Mi intención es ofrecerte tanto sabiduría milenaria como herramientas prácticas. Para ese propósito, cada capítulo contiene actividades que te permitirán aplicar lo que estás leyendo a tus propias circunstancias de vida y relación.

Desde que me jubilé de la práctica privada como terapeuta matrimonial y familiar, he presentado este material en conferencias matrimoniales en todo Estados Unidos, a través del Centro de Sanación Juan Pablo II. Repetidamente, las parejas que asisten a estas conferencias expresan cuánto se han beneficiado: "Esto ha cambiado mi comprensión del matrimonio. Ojalá hubiera sabido esto antes de casarme". "Esto debería ser un requisito para cada pareja que se casa en la Iglesia". "Esto me ha dado las habilidades y la sanación para amar a mi (esposo/esposa) como siempre quise". "Esta es una hermosa visión para el matrimonio. Me da mucha esperanza". "Esto salvó nuestro matrimonio". "Nunca había escuchado una enseñanza tan hermosa sobre la sexualidad". "Cada pareja podría beneficiarse de esta enseñanza".

Me doy cuenta de que estas conferencias *Unveiled* [Sin velo] (como las llamamos en el centro de sanación) solo llegarán a una pequeña porción de matrimonios en todo el mundo. Esa es mi razón para escribir este libro. Tengo un deseo ardiente de transmitir las gracias que he recibido. Tengo el anhelo de ver cada matrimonio formado en la verdad infalible de Dios y sanado por su amor misericordioso. Creo que esto es posible para todas las parejas y para todas las personas que han tenido problemas en cualquier tipo de relación. He sido testigo de primera mano en mi propio matrimonio y en la vida de muchos otros, de cómo el amor sanador de Jesús y sus verdades eternas pueden transformar nuestras vidas y nuestras relaciones. No importa dónde te encuentres en las circunstancias de tu vida, creo que esta guía práctica será una fuente de ayuda y de aliento para ti personalmente.

Este libro está dividido en dos secciones. La primera parte, "Hacerse uno", examina cómo una pareja de cualquier edad o etapa puede crecer en amor y una mayor intimidad entre sí mediante la construcción de un fuerte vínculo matrimonial. Después de los primeros dos capítulos ("Dedicado de por vida" y "Cinco áreas clave de unidad"), los siguientes cinco capítulos están organizados en torno a cada una de estas cinco áreas clave: la unidad espiritual, la intimidad emocional, el compañerismo diario, el trabajo en equipo cooperativo y la realización sexual. Cada capítulo presenta un modelo sobre cómo construir unidad e intimidad en esa área vital y luego ofrece preguntas de reflexión y ejercicios breves pero impactantes para practicar las habilidades necesarias para fomentar una comunicación saludable.

La segunda parte, "La sanación y la reconciliación" (los capítulos 8 al 10), brinda la comprensión y las habilidades necesarias para negociar conflictos de manera que conduzcan a una intimidad más profunda. También recibirás el conocimiento y las herramientas prácticas para reparar las rupturas pasadas y presentes en la relación, para que las heridas puedan superarse y transformarse en conexiones más profundas con Dios y con los demás. Una vez más, cada capítulo va seguido de preguntas de reflexión. Las actividades prácticas están diseñadas específicamente para parejas casadas y comprometidas, pero pueden ser beneficiosas para cualquier relación.

Además, al final del libro, se proporcionan tres apéndices para asistencia práctica. El apéndice 1 ofrece un examen para parejas que les permite reflexionar sobre qué tan bien están practicando juntos el amor devoto diariamente. El apéndice 2 ofrece oraciones para fomentar la unidad en el matrimonio. Finalmente, el apéndice 3 proporciona recursos para la sanación a través del Centro de Sanación Juan Pablo II.

A lo largo del libro compartiré muchas experiencias personales de mi propio matrimonio y de mi niñez para ilustrar cómo las heridas y las debilidades de carácter conducen a la ruptura del matrimonio. También compartiré las muchas respuestas a la oración y la sabiduría que recibí en el camino, que no solo ayudó a mi matrimonio, sino que también ha sido una fuente de aliento y de esperanza para cientos de parejas.

Al comenzar este viaje, le pido al Espíritu Santo que te guíe y te inspire. Que te lleve más profundamente a la unión con Cristo, para que conozcas el gozo y la seguridad del amor devoto.

PARTE I

HACERSE UNO

1

DEDICADO DE POR VIDA

Lo que Dios ha unido, no lo separe el hombre.

—Mateo 19:6

Mientras yo estaba de pie ante el altar mirando los hermosos ojos azules de mi joven novia, mis nervios se calmaron y sentí que una profunda paz descendía sobre mí. Sosteniendo sus manos con ternura y examinando su dulce rostro, supe que quería pasar el resto de mi vida con esta mujer a quien amaba como a nadie más en la tierra. No veía la hora de que se convirtiera en mi compañera de toda la vida y, si Dios quiere, en la futura madre de nuestros hijos. Anhelaba que *nos dedicáramos* el uno al otro por el resto de nuestras vidas.

Al intercambiar nuestros votos sagrados ese día, Margie y yo comprendimos que nos estábamos entregando en amor, estableciendo una unión indisoluble que duraría toda nuestra vida. Prometíamos, ante Dios y todos nuestros seres queridos, *amarnos y cuidarnos* fielmente, "para bien, para mal, en la riqueza, en la pobreza, en la enfermedad y en la salud . . . hasta que la muerte nos separe"[1].

De pie ante el sacerdote y nuestras familias y amigos más cercanos, que fueron nuestros testigos, Margie y yo comprendimos que nos comprometíamos a amarnos sin importar lo que sucediera en los días, semanas y años venideros. El día de nuestra boda, ninguno de nosotros tiene forma de saber cómo será desafiado nuestro amor a lo largo de los años. Esperamos tener buenos momentos, buena salud y suficientes recursos para atender nuestras necesidades materiales. Ni siquiera queremos pensar en la posibilidad de dificultades relacionales, enfermedades o la falta de recursos con los que tengamos que lidiar. Además, generalmente no somos conscientes de cómo nuestras heridas y pecados colectivos inevitablemente harán que sea difícil amarnos y honrarnos de la manera que prometimos en el altar. Y la mayoría de nosotros ciertamente no estamos pensando en la última frase de nuestros votos: “Hasta que la muerte nos separe”.

Aunque el matrimonio requiere morir a diario al egocentrismo, ciertamente no estaba pensando en la muerte el día de mi boda. Pero esa última frase de nuestros votos—*hasta que la muerte nos separe*—significa mucho más para mí ahora. Hace poco más de un año, tuve que enfrentar la realidad de esas palabras al despedirme de mi compañera de toda la vida. Al recordar nuestros casi cuarenta y dos años de matrimonio, me doy cuenta de que experimentamos todos los altibajos mencionados en nuestros votos. Compartimos algunos momentos alegremente buenos y otros dolorosamente difíciles. A veces nos amábamos y nos servíamos admirablemente; otras veces éramos más egoístas y desatendíamos las necesidades de los demás. Fuimos económicamente pobres durante los primeros años mientras yo iba a la escuela de posgrado y comenzaba mi carrera. Pero siempre teníamos suficiente para cubrir nuestras necesidades. Aunque teníamos un ingreso modesto para los estándares estadounidenses, estábamos bien en comparación con la mayor parte del mundo. Teníamos amplios recursos y, al final, éramos ricos en las cosas que más importan: una relación vivificante con Dios, hermosos hijos y nietos, una familia amorosa, un trabajo significativo, amigos confiables y una comunidad solidaria.

Durante la mayor parte de nuestros años juntos, Margie y yo gozamos de una salud física relativamente buena, aparte de un resfriado ocasional o una gripe estacional. Pero luego, hace un año y medio (en el momento de escribir este libro), a Margie le diagnosticaron la forma esporádica de una rara enfermedad neurológica degenerativa, la enfermedad de Creutzfeldt-Jakob (ECJ). La ECJ afecta a una de cada millón de personas en los Estados Unidos cada año y consume las proteínas del cerebro, lo que provoca una rápida disminución de las capacidades cognitivas y físicas (incluida la demencia, la pérdida de la capacidad para caminar y hablar, y la disminución de la coordinación de las habilidades motoras). Como la mayoría de las personas a las que se les diagnostica esta enfermedad, las capacidades de Margie se fueron deteriorando progresivamente. Cuatro meses después de sus primeros síntomas visibles, falleció. A pesar de su deterioro físico y mental, experimentamos íntimamente la presencia de Dios.

En palabras de la famosa novela *Historia de dos ciudades* de Charles Dickens: "Eran los mejores tiempos y los peores tiempos". Mucho antes de lo que cualquiera de nosotros esperaba, nuestros votos matrimoniales habían llegado a su culminación.

Los altibajos del matrimonio

Entré en nuestro matrimonio con la plena intención de dedicarme a Margie de por vida. Había sido testigo y experimentado el divorcio de mis padres, lo que se sumó a mi determinación de tener un buen matrimonio que durara toda la vida. Creo que Margie entró a nuestro sacramento con los mismos deseos, pero sin la intensidad temerosa que yo aporté, ya que sus padres permanecieron casados durante más de sesenta años.

El día de nuestra boda, Margie y yo deseábamos estar felizmente casados y compartir el desbordamiento de nuestro amor con nuestra futura descendencia y familias extensas. Aunque hemos tenido muchas temporadas felices y hermosos recuerdos, nuestro matrimonio no fue un romance de cuento ni mucho menos. Cuando recién nos casamos, ambos éramos en gran parte inconscientes de cómo cada una de nuestras heridas no sanadas y patrones habituales de egocentrismo comprometerían y eventualmente amenazarían nuestro amor por el otro. Después de los primeros años de matrimonio, empezamos a distanciarnos. Nuestros corazones se volvieron casi sordos a la voz de Dios y entumecidos por el dolor de los demás. Las heridas provocadas en nuestro matrimonio se vieron agravadas por las muchas formas en que continuamos lastimándonos mutuamente a diario. En respuesta, me volví emocionalmente distante y poco a poco retiré mis afectos, sin darme cuenta del daño que esto le estaba causando a Margie y a nuestras dos hermosas hijas, Carrie y Kristen, que en ese momento eran preadolescentes.

Aunque aparentemente permanecí fiel a Margie, mi falta de devoción hacia ella pronto se hizo evidente para los dos. Los conflictos no resueltos, los pecados no arrepentidos y las heridas no tratadas nos llevaron a ambos a retroceder en la autoprotección durante este momento difícil. Atormentado por la idea de que yo había perdido el amor, me volví vulnerable a las tentaciones casi incesantes de negar nuestros votos sagrados y divorciarme de aquel a quien le había dicho con ternura mi promesa de amor incondicional. Perdí de vista su bondad y su belleza y comencé a racionalizar y justificar mi falta de afecto. Irónicamente, mientras estaba demasiado preocupado por sus faltas y defectos, permanecí en gran medida ciego a los míos.

Este período de grandes pruebas en nuestro matrimonio llegó a un punto crítico cuando cumplí treinta y tres años, la misma edad que tenían mis padres cuando se separaron. Nuestros hijos tenían aproximadamente la misma edad que yo cuando perdí el contacto con mi padre durante unos años. Para mi consternación, me encontré viviendo mi peor pesadilla—e involucrando a mi esposa e hijos—en contra de su voluntad. Parafraseando a Yogi Berra, fue un *déjà vu* de nuevo. Sin embargo, a pesar de mi falta de conexión emocional con Margie, yo sabía que no podía tomar a la ligera mis votos sagrados, ya que los hice ante Dios y nuestra familia y amigos. Fue durante esta etapa de nuestro matrimonio que la confrontación de Margie por mi falta de devoción se convirtió en un catalizador para los cambios que tanto necesitaba en mi vida. Sintiéndome atrapado, oré con fervor como nunca antes.

Llamando a Dios

Todas las noches, después de acostar a Carrie y Kristen en la cama, cerraba la puerta de nuestro dormitorio y llamaba a Dios con desesperación. Todavía no había enfrentado las heridas no cicatrizadas del divorcio de mis padres. Pero sabía que no quería causar a mi esposa, a nuestras hijas y a mí mismo el mismo tipo de dolor y daño que experimentamos mis padres, hermanos y yo. Al mismo tiempo, no podía ver otra salida de esta pesadilla. Me sentía completamente fuera de control, como lo demuestra tener ataques de pánico por primera vez en mi vida, cada vez que pensaba en la posibilidad del divorcio. Solo ahora, en retrospectiva, puedo ver el cuidado providencial del Padre por nosotros a lo largo de este tiempo, sacando mis heridas a la superficie para que pudiera dedicarme a él y a Margie de la manera que deseaba.

Dios respondió inicialmente mis oraciones a través de un vecino que me invitó a un estudio bíblico con un pequeño grupo de hombres. En la primera reunión, escuché a uno de los hombres leer este pasaje de las Escrituras: "Porque eres tibio y no frío o caliente, voy a vomitarte de mi boca" (Ap 3:16). Mientras leía estas palabras en voz alta, parecía como si Jesús mismo me las hubiera dicho directamente a mí. Aparentemente, Jesús no apreció mi compromiso a medias más de lo que lo hizo Margie. Aturdido por la fuerza de sus palabras, abandoné la reunión con una gran ansiedad. Después de reflexionar sobre lo que sucedió, me di cuenta de que el Espíritu Santo me estaba mostrando que mi matrimonio con Margie era un reflejo de mi relación con Jesús. Hasta ese momento, no me había dado cuenta de que el problema más profundo de nuestro matrimonio estaba dentro de mí, arraigado principalmente en mi falta de devoción a Jesús. Me había retirado a mi intelecto para proteger mi corazón del dolor del divorcio de mis padres. No podría amar bien a Margie y a nuestras hijas a menos que primero abriera mi corazón al amor de Jesús y me dedicara de todo corazón a él.

Estas impactantes realizaciones me impulsaron a participar en un serio examen de conciencia. La confrontación de Jesús, como la anterior de Margie, terminó cambiando la trayectoria de nuestro matrimonio, así como la vida de nuestros hijos. Los cambios en mí y en nuestro matrimonio fueron lentos al principio. Pero progresivamente, el Espíritu Santo me guió a través de un proceso de sanación para atender las heridas ignoradas durante mucho tiempo de mi niñez y adolescencia, y para confrontar mi orgullo, que había mantenido estas heridas ocultas de mi vista.

La sanación en el matrimonio

La sanación es un proceso. Como leerás en los capítulos siguientes, Margie y yo continuamos sanando, reconciliando y aprendiendo lo que significa estar dedicados el uno al otro hasta los últimos meses de su vida. Nuestra sanación no fue una solución rápida, aunque hubo ciertos puntos de inflexión que nos dieron fuerza adicional para seguir caminando en la dirección correcta. Al final, compartimos una hermosa intimidad con Dios, entre nosotros y con nuestros hijos y nietos. Nuestra familia y amigos pudieron ver el fruto de lo que Dios había hecho en nuestro matrimonio, en y a través de nuestras muchas luchas. Unos meses antes de que Margie muriera, su hermana Ann comentó: "Me conmueve verlos a ambos tan profundamente enamorados el uno del otro, incluso más que cuando se conocieron".

A lo largo de nuestro matrimonio juntos, disfrutamos de muchos momentos memorables. Pero pocos fueron tan impactantes como los que experimentamos durante esos últimos meses de la vida de Margie. Uno de mis muchos recuerdos preciados llegó en las últimas semanas de la vida de Margie cuando reafirmamos espontáneamente nuestros votos matrimoniales. La ocasión estuvo inspirada por nuestra hija Kristen y nuestro yerno Stephen, que regresaban del quincuagésimo aniversario de bodas de sus padres. Mientras compartían sobre la reafirmación de los votos de los padres de Stephen, Margie se animó, me miró y dijo con lucidez: "Quiero hacer eso". Estaba encantado de que ella quisiera, porque a menudo se había resistido a hacerlo en el pasado cuando se lo sugerí. Aún más, me sorprendió su capacidad para procesar la conversación de manera tan convincente a pesar de su capacidad comprometida para articular sus pensamientos.

Cuando me arrodillé frente a Margie en la silla de ruedas, miré sus hermosos ojos azules. La tierna mirada en su rostro me recordó el día de nuestra boda. Empecé con una propuesta: "¿Te casarías conmigo?". Con inocencia infantil, respondió con la más dulce sonrisa y un rotundo sí. Las lágrimas brotaron de nuestros ojos, así como de nuestra hija Kristen. Unos segundos más tarde, con lágrimas fluyendo libremente, reafirmé nuestros votos sagrados, que nos habían dado la gracia de perseverar a través de todos nuestros desafíos. Lentamente enfatizando cada frase, repetí las palabras del día de nuestra boda: "Yo, Bob, te recibo, Margie, . . . para bien, para mal, en la riqueza, en la pobreza, en la enfermedad y en la salud, para amarte y cuidarte hasta que la muerte nos separe".

Reafirmar nuestros votos esta última vez nos impactó a ambos profundamente, incluso más que cuando los profesamos el día de nuestra boda. A través de los años, frente a nuestras pruebas, nuestro amor había madurado. Ahora había llegado a su culminación. Mirando a la muerte a la cara, ya no teníamos miedo de nuestras debilidades y fracasos. Sabíamos que nuestro amor, fortalecido por la gracia de Dios, finalmente había demostrado ser más fuerte que la muerte (ver Cant 8:6).

Mientras reafirmé conscientemente estos votos por última vez, pude ver cómo el amor de Dios se había perfeccionado en nuestras debilidades. Finalmente acepté mis limitaciones como esposo y las deficiencias de Margie como esposa. Dimos lo que cada uno era capaz de dar, lo mejor que podíamos, considerando nuestras limitaciones. Su misericordia y su gracia compensaron lo que nos faltaba. Al final, le entregué a Margie a Jesús, sabiendo que él era su *Verdadero y Eterno Esposo*, sabiendo que él la amaba de la forma en que yo siempre quise, pero nunca pude del todo. Mi amor por Margie era temporal y estaba empañado por mis heridas, pecados y egoísmo. El amor de Jesús, por el contrario, es perfecto y eterno. En ese momento me di cuenta de que nuestro matrimonio, aunque de vital importancia para nuestra salvación y fuente de mucha fecundidad, era una representación imperfecta de nuestro matrimonio eterno que alcanzará su perfección en el cielo.

Comparto estos detalles de nuestra historia matrimonial como una invitación para que reflexiones por ti mismo. Te animo a recordar (o mirar hacia adelante) el día de tu boda. Piensa en el significado de tus votos matrimoniales y en las vicisitudes de la vida que seguirás encontrando en el futuro. Y aunque sea desafiante, contempla ese momento en que te despedirás y uno de ustedes entregará el otro a Jesús en preparación para las bodas eternas.

Con todo eso en mente, te invito a tomarte un momento para reflexionar sobre la historia y el futuro de tu matrimonio (si nunca has estado casado, usa esto como una oportunidad para reflexionar sobre tu futuro matrimonio o tu relación con Dios y con los demás).

Tómate un momento

1. ¿Qué parte de mi historia iluminó tu historia personal y relación matrimonial?
2. Si hoy fuera el último día de tu matrimonio (o de tu vida), ¿te sentirías realizado y satisfecho? De qué te arrepentirías? ¿De qué estarías agradecido?
3. ¿Cuál fue tu intención cuando pronunciaste tus votos matrimoniales (o votos bautismales/ordenación o votos religiosos)? ¿Qué significan para ti ahora?

La alianza del amor

Solo podemos conocer el amor verdadero al comprender la alianza del amor de Dios por nosotros. Estoy convencido de que nuestra mayor felicidad se realiza al llegar a apropiarnos de estas verdades más profundas de nuestra relación con él. Toma en serio estas palabras reveladas a través de los profetas del Antiguo Testamento para describir la promesa de Dios de amor íntimo e implacable para cada uno de nosotros individualmente y para nosotros colectivamente: "Yo te desposaré para siempre . . . Yo te desposaré con mutua fidelidad, y conocerás quién es Yavé" (Os 2,21–22). "Como el esposo goza con su esposa, así harás las delicias de tu Dios" (Is 62:5). "Hice una alianza contigo . . . y tu pasaste a ser mía" (Ez 16:8b).

¿Alguna vez has meditado realmente estas imágenes de Dios como tu Esposo reclamándote como suyo, deleitándose en ti y prometiéndote su fidelidad? Esta imagen se vuelve aún más concreta en el Nuevo Testamento con la revelación de Jesús como nuestro Esposo eterno. La devoción sincera de Jesús por su novia (la Iglesia) es el modelo que Dios ha establecido para cada matrimonio (ver Ef 5,21–32). A través de él y en él, llegamos a una comprensión más plena del amor ilimitado de Dios por nosotros. La naturaleza y el alcance de este amor se revelan a lo largo de la Biblia. Numerosos pasajes revelan que Jesús, nuestro Esposo, nos ama con perfecta devoción: *gratuitamente* (ver

Jn 10:18), *completamente* (ver Jn 15:13), *fielmente* (ver 2 Tm 2:13) y *fructíferamente* (ver Jn 15:5).

Solo al considerar el amor de Jesús por cada uno de nosotros podemos entender la intención completa de Dios para el amor conyugal. Si estás casado o planeas casarte, tus votos matrimoniales se encuentran entre las palabras más importantes que jamás hayas pronunciado (solo superadas por tus votos bautismales). Son tu compromiso personal de amar a tu cónyuge con el amor de la alianza de Jesús, a través del poder del Espíritu Santo, *libre, plena, fiel y fructíferamente*[2]. Estos votos sagrados los unen como esposo y esposa a través de todos los desafíos y dificultades de vida. Además, son un signo vivo para el resto del mundo de la alianza del amor de Jesús por su Novia.

El mundo necesita con urgencia este testimonio auténtico del amor de Cristo revelado en el matrimonio santo. Pero sabemos que en nuestra debilidad humana (pecado, heridas y egoísmo), todos nos quedamos cortos. Es por eso que necesitamos desesperadamente su misericordia y su gracia para sostenernos. Solo manteniendo a Jesús como nuestro estándar de verdad y fuente de fortaleza podemos ver claramente la naturaleza de la alianza del amor. Me he dado cuenta de que amamos a nuestro cónyuge en la medida en que Jesús es el objeto principal de nuestra devoción. El padre Julián Carrón explica por qué es así: "Si no amas a Cristo, Belleza hecha carne, más que a la persona que amas, esta última relación se marchita, porque Cristo es la verdad de esta relación, la plenitud a la que apuntan ambos, y en quien se cumple su relación. Solo dejándolo entrar es posible que la relación más hermosa que puede darse en la vida no se corrompa y muera a tiempo"[3].

Tuve que aceptar estas realidades eternas de la manera más difícil. Mi esperanza es que puedan aprender de mi experiencia y de las enseñanzas de la Iglesia lo que descubrí en el camino. Esta visión cristiana del amor y el matrimonio contrasta fuertemente con los "amores" falsos de este mundo, a los que todos hemos estado sobreexpuestos a través de novelas, revistas, películas, programas de televisión y la mayoría de nuestras interacciones en la vida. Este amor mundano no es realmente amor en absoluto. Es un disfraz delgado para la lujuria. No da libre, plena, fiel o fructíferamente. Más bien, toma del otro y usa a la otra persona como un objeto para la autogratificación y la ganancia egoísta, y luego los descarta cuando ya no son útiles o deseables.

A diferencia del auténtico amor dador de vida que modela Jesús, el amor mundano se basa en la seducción, la manipulación y la coerción (en oposición al amor libre). Se personifica en el aferramiento y el egocentrismo (en lugar de amar plenamente). Este amor falso está marcado por la infidelidad y la perversión (en lugar de amar fielmente). Finalmente, se evidencia en la anticoncepción y el aborto (en oposición a amar fructíferamente). Debido al pecado original, todos somos propensos a relacionarnos unos con otros de esta manera egoísta. Trágicamente, muchos en la cultura actual han perdido casi por completo de vista el amor verdadero y han sido seducidos por las falsificaciones culturales.

Esta es precisamente la razón por la cual ser devoto en amor es tan vitalmente importante. Nuestros votos sagrados nos rescatan de un mundo de miseria y al mismo tiempo brindan un testimonio auténtico al mundo del amor verdadero y duradero. Prometemos amarnos los unos a los otros con el amor más puro de Cristo, hecho posible solo a través de nuestra continua entrega al Espíritu Santo. Esto es por nuestro propio bien, por el bien de nuestros hijos y por el beneficio de todo el cuerpo de Cristo, así como del mundo[4]. El verdadero amor hace sagrado el matrimonio, trasciende los "amores" deficientes de este mundo y eleva el matrimonio a una expresión viva del amor libre, pleno, fiel y fructífero de Jesús. Si tenemos ojos para ver, todo esto está bellamente representado en el simbolismo de una ceremonia de boda cristiana.

El simbolismo de la boda

La ceremonia de la boda cristiana tradicional es rica en simbolismo, apuntando simultáneamente al amor entre esposo y esposa mientras significa el matrimonio final de Cristo y su Iglesia. Según la imaginería empleada por san Pablo, todo novio está llamado a ser un icono vivo de Jesucristo (ver Ef 5:25). Esto significa que, en cada boda verdaderamente cristiana, podemos mirar al novio y ver una representación visible de un misterio eterno: Jesús ofreciéndose en alianza como sacrificio vivo por su novia. Ten en cuenta que el novio normalmente está de pie ante el altar, el lugar del sacrificio de Jesús. ¿Alguna vez te has preguntado por qué el novio se viste tradicionalmente de negro y usa una camisa blanca? El negro simboliza su muerte con Cristo; el blanco simboliza su pureza de corazón (no entendí esto en el momento de mi matrimonio y en su lugar usé un esmoquin de color canela).

Mientras el novio está de pie al frente de la iglesia, la novia normalmente permanece velada en la parte trasera de la iglesia. Uno de los momentos de mayor suspenso de cualquier boda es el momento de la revelación, cuando el novio ve por primera vez a su radiante novia. Tradicionalmente la novia se viste de blanco como símbolo de su pureza, porque está llamada a representar a la Esposa de Cristo "*sin mancha ni arruga ni nada parecido, sino santa e inmaculada*" (Ef 5:27, énfasis añadido). Ella es una representación viva de la hermosa y santa Iglesia preparada para Cristo al final de los tiempos.

Para cualquier novia criada en la Iglesia, esta no sería la primera vez que usa un vestido blanco de "novia". Lo más probable es que llevara un vestido blanco inmaculado tanto el día de su Bautismo como el día de su Primera Comunión. En el Bautismo, ella fue purificada por "*el agua y la Palabra*" (Ef 5:26, énfasis añadido). En la Primera Comunión, recibió un anticipo de la última comunión en "*las bodas del Cordero*" (Ap 19:7).

¿Ves lo importante que es que tanto la novia como el novio estén en estado de gracia mientras se preparan para casarse? Estamos literalmente llamados a significar el amor más puro entre Cristo y su Iglesia. No importa cuán impuros nos hayamos vuelto debido a nuestros falsos amores hasta ese momento, el Sacramento de la Reconciliación está disponible como una forma de limpiarnos y sanarnos antes de entrar en el santo Matrimonio (lamento no haber apreciado plenamente esta realidad cuando Margie y yo nos casamos; nos habría ahorrado muchos dolores).

En muchas bodas cristianas, el padre de la novia es quien lleva a su hija al altar. El pasillo representa el viaje de nuestra vida, preparándonos para nuestro matrimonio con Cristo al final de los tiempos. Los padres humanos representan la paternidad de Dios, que prepara a la Esposa de Cristo antes de entregarla como don a su Hijo amado.

Las madres representan a María, que entrega a su hijo en la Cruz. Los padres y las madres tienen la responsabilidad ante Dios de preparar a sus hijos e hijas para el matrimonio, proteger su pureza y enseñarles con la palabra y el ejemplo lo que significa amar auténticamente.

Como padre de nuestras dos hijas, recuerdo vívidamente esos momentos caminando con cada una de ellas por el altar. Es difícil expresar la variedad de emociones que sentí al ofrecer a mis hijas (Carrie y Kristen) como regalos preciosos para sus esposos (Duane y Stephen). Fue a la vez un momento de solemnidad al dejar ir, y una celebración alegre. De alguna manera, dejarlas ir se parecía a mi entrega de Margie a su Esposo eterno al final de su vida. Toda una vida de oraciones y deseos por nuestras hijas culminó en esos momentos. Su mamá y yo las habíamos preparado y orado por ellas y por sus esposos desde el día en que nacieron. Ahora era finalmente el momento de soltarlas, porque "*dejará el hombre a su padre y a su madre para unirse con su esposa y los dos formarán un solo ser*" (Ef 5:31, énfasis añadido).

Este simbolismo de entrega en la ceremonia nupcial refleja una realidad más profunda. Así como debemos dejar de lado nuestros apegos al mundo para casarnos con Cristo, así también cada novia y novio debe estar libre de cualquier apego que compita para poder amar a su cónyuge por encima de todos los demás[5]. De manera similar, los padres deben liberar a sus hijos para que puedan unirse plenamente a sus cónyuges y llegar a ser uno con ellos.[6] De lo contrario, la pareja de recién casados permanecería ligada a sus padres de manera poco saludable y no podría entregarse libre y plenamente en el matrimonio (aprendí esta lección de la manera más difícil porque no me separé por completo de mi madre y ella no me soltó por completo, ya que yo era su primer hijo casado de quien dependía cuando mi padre se fue).

Dejar ir de esta manera es un momento muy vulnerable tanto para los padres como para los niños. Mientras representaba a mi esposa, Margie, entregué formalmente a nuestras hijas a sus esposos al frente del altar. Estaba confiando a nuestros futuros hijos (a través del matrimonio) los regalos más preciados que su madre y yo podríamos darles. Era un gran riesgo, pero lo hicimos con cierta confianza, confiando en que habían sido bien preparados por nosotros, sus familias y por la

Iglesia para este momento. Saber que nuestras hijas y yernos se iban a casar por la Iglesia nos dio mucha seguridad. Comprendieron lo sagrado de sus votos matrimoniales y se casaron con las intenciones correctas.

Las intenciones correctas

La Iglesia, guiada durante más de dos mil años por el Espíritu Santo, se da cuenta de que el verdadero amor debe ser salvaguardado de todas las falsificaciones culturales. El matrimonio cristiano es sagrado porque es un signo y una encarnación de la alianza del amor de Cristo por nosotros. Es por eso que antes de que cualquier pareja pueda casarse en la Iglesia, tanto el esposo como la esposa deben entender sin ambigüedad exactamente el tipo de amor y devoción que prometen a Dios y al otro. Individualmente, deben afirmar sus *intenciones* de unirse entre sí en una alianza santa. Deben prometer a Dios y a la Iglesia que se dedicarán libre, plena y fielmente el uno al otro durante toda la vida y permanecerán abiertos a los niños como la abundante fecundidad de su amor.

Para garantizar que cada pareja tenga estas intenciones, la Iglesia católica requiere que cada pareja casada responda afirmativamente a estas preguntas antes de bendecir sus votos matrimoniales:

> "¿Han venido aquí para contraer matrimonio sin coerción, libremente y de todo corazón?" (la promesa de amar *libremente*).

> "¿Están preparados, mientras siguen el camino del Matrimonio, para amarse y honrarse mutuamente mientras ambos vivan?" (la promesa de amar *plena y fielmente*).

> "¿Están preparados para recibir amorosamente a los hijos de Dios y educarlos según la ley de Cristo y de su Iglesia?" (la promesa de amar *fructíferamente*).

¿Ves cómo estas intenciones reflejan el amor libre, pleno, fiel y fructífero de Jesús por su Esposa? Fundamentalmente, estas intenciones protegen la integridad del matrimonio como signo sacramental y encarnación del santo amor de Cristo. También llaman a cada cónyuge a trascender su naturaleza egocéntrica para ser verdaderamente devotos el uno del otro de por vida. Estas promesas, hechas a la Iglesia, preceden a los votos que se pronuncian entre sí. Ellos dan expresión concreta a los votos y aseguran que se salvaguarde el verdadero amor, para su bien mutuo, para el bien de sus hijos y para el bien de toda la Iglesia[7].

En las palabras del diácono James Keating: "En última instancia, Dios quiere que te enamores de tu cónyuge de la manera en que él te ama: por puro regalo y maravillado por la belleza de quién eres"[8]. Esta es la naturaleza del amor verdadero: se deleita en la bondad y la belleza del amado y se sacrifica con gozo por el bienestar del otro, como Cristo lo ha hecho por nosotros. Hay mucho aquí para digerir que es de vital importancia para tu matrimonio. Antes de pasar al próximo capítulo, tómate un momento para reflexionar y conversar sobre cómo se aplica esto a ti y a tu matrimonio. Si estás casado o comprometido, también te animo a compartir la actividad para parejas junto con tu cónyuge o prometido.

Tómate un momento

Estas pueden ser respondidas individualmente, como pareja o en una conversación grupal.

1. ¿Crees que una relación devota con Jesús es fundamental para un buen matrimonio? ¿Por qué o por qué no?
2. ¿Te mantienes fiel a las intenciones declaradas que le prometiste a tu cónyuge ante Dios y la Iglesia durante tu boda? ¿Dónde no las vives como prometiste?

3. ¿Qué partes del simbolismo de la ceremonia de la boda cristiana llamaron tu atención? ¿Cómo te relacionas con eso?

Actividad para parejas: compartir los deseos

Escriban sus respuestas por separado y luego compártanlas entre sí.

1. El día de su boda, ¿qué deseaban ustedes para su vida en común? ¿Cómo han cambiado y madurado sus deseos desde entonces?
2. ¿Qué creen que Dios deseaba (y desea ahora) para su matrimonio?
3. ¿Qué tan bien están viviendo cada una de las cuatro características de la alianza del amor (libre, pleno, fiel y fructífero) en su matrimonio (o preparación para el matrimonio)? ¿Qué áreas necesitan mejorar más?

2

CINCO ÁREAS CLAVE DE UNIDAD

Los dos formarán un solo ser.

—Efesios 5:31

Al final del capítulo anterior te animé a reflexionar sobre tus deseos personales para el matrimonio. ¿Descubriste que tú y tu cónyuge (o prometido) tienen mucho en común cuando se trata de lo que ustedes realmente desean para su matrimonio? Me imagino que ambos tienen el deseo de sentirse conectados, de ser comprendidos, de ser honrados y de ser amados plena y fielmente. También me imagino que ambos quieren amarse de esta manera. No importa cuánto ustedes hayan enterrado estos deseos debido a heridas y desilusiones pasadas, persisten porque son una parte fundamental de su naturaleza.

Todos nacemos con un deseo insaciable de *comunión.* ¿No es esta una de las razones implícitas por las que te casaste? Dios puso estos deseos en tu corazón. Él quiere que tú y tu cónyuge disfruten de una intimidad nutritiva entre sí, incluso más de lo que desean estas cosas para ustedes mismos. La Iglesia enseña que Dios ha querido que todas las relaciones, y de manera particular el matrimonio, sean una participación en su propia *comunión íntima de amor*: "El ser mismo de Dios es Amor . . . Él mismo es una eterna comunicación de amor: Padre, Hijo y Espíritu Santo, y nos ha destinado a participar en Él" (*CIC* 221).

Porque estamos hechos a imagen y semejanza de Dios, "que es amor", el amor es nuestra primera vocación. Sin embargo, estos deseos de amor y comunión a menudo se ven frustrados en nuestras interacciones diarias. Viviendo en este mundo quebrantado, con todos sus deseos desordenados, podemos fácilmente perder de vista la intención de Dios para el matrimonio, y así enterrar nuestros deseos más profundos. A medida que nuestra visión del amor auténtico se distorsiona y se decepciona, eventualmente perdemos la esperanza. Esta es la situación de muchos en nuestra cultura hoy en día. Es por eso que el mundo entero necesita ser restaurado en la comprensión del plan original de Dios para la unidad en el matrimonio.

La unidad original

El papa Juan Pablo II escribió su obra maestra, *Hombre y mujer los creó: la teología del cuerpo*, como una respuesta a la confusión del mundo sobre la sexualidad y las relaciones. En el, brinda una explicación integral del plan de Dios para el florecimiento humano, basado completamente en las Sagradas Escrituras y a la luz de la filosofía cristiana y la enseñanza de la Iglesia. Ofrece una descripción detallada de la intención y el deseo de Dios para nuestra humanidad y para el matrimonio. Visualizando nuestra existencia antes de que el pecado entrara en el mundo, Juan Pablo II habla del matrimonio como una comunión profundamente plena entre el hombre y la mujer, como expresión de su unión con Dios. Se refiere a este estado primordial del matrimonio como "unidad original"[1].

Sobre la base de estas ideas de nuestro homónimo, nuestras conferencias matrimoniales en el Centro de Sanación Juan Pablo II generalmente comienzan con una demostración visual, que representa esta unidad original del hombre y la mujer con la Trinidad en los albores de la creación (esto puede sonar imposible de demostrar, pero es una experiencia profunda para muchos porque el Espíritu Santo obra revelando los deseos más profundos de nuestros corazones).

Comenzamos la demostración invitando a tres personas a representar a la Santísima Trinidad, y luego le pedimos a una pareja casada que represente a Adán y Eva en la "unidad original". A los que representan al Padre, al Hijo y al Espíritu Santo se les instruye a formar un círculo de amor, lo que significa el afecto sin límites y la comunión eterna que existe entre las tres personas de la Trinidad. Luego se invita a la pareja casada a permanecer en medio de este círculo de amor que todo lo abarca.

Inmersos en el amor de la Trinidad, la pareja despierta su deseo natural de intimidad y comunión. A medida que se abrazan espontáneamente, muchos se conmueven hasta las lágrimas al darse cuenta de que sus corazones han estado anhelando esta intimidad segura durante toda su vida y en su matrimonio. Posteriormente, muchos de los que experimentan este nivel de comunión (como Adán y Eva) informan que sienten un gozo intenso. Hablan de sentir una paz y una seguridad profundas al ser amados tan completamente por su cónyuge mientras están rodeados del amor fuerte y tierno de la Trinidad.

Los que sustituyen a Adán y Eva no son los únicos profundamente conmovidos por la demostración. Los representantes de la Trinidad, así como muchos otros que observan este drama humano, están igualmente conmovidos. Aunque he visto esta demostración muchas veces, cada vez me impacta personalmente. No me canso de ver la alegría y la realización de los que participan, así como de muchos que observan. Esta demostración habla de nuestra necesidad universal de amor e intimidad genuinos. En el fondo, todos queremos experimentar el gozo de ser amados por completo y con seguridad por nuestro cónyuge mientras disfrutamos de la libertad interior para amarlos de vuelta con sincera confianza y devoción. Esto se debe a que el deseo de comunión con Dios y de amor verdadero está escrito en todo corazón humano (ver *CIC* 27).

El anhelo de comunión

Estoy convencido de que cada uno de nosotros, cualquiera que sea nuestro estado de vida, comparte este anhelo profundo de comunión íntima. Empecé a reflexionar por primera vez sobre este anhelo universal mientras trabajaba en mi tesis de maestría en la escuela de posgrado hace unos cuarenta años. Decidí centrar mi investigación en el Encuentro Matrimonial, un programa de enriquecimiento matrimonial en la Iglesia católica. El programa tiene un atractivo universal porque ayuda a las parejas a repensar su matrimonio como una comunión íntima con Dios y entre ellos. También proporciona habilidades prácticas de comunicación, llamadas *diálogo*, como una forma de fortalecer su unidad diaria. Como parte de mi investigación, repasé una amplia gama de programas de enriquecimiento matrimonial, incluido un artículo que captó mi atención y me dejó una impresión duradera. El ensayo fue escrito por David R. Mace, quien se desempeñó con su esposa, Vera, como copresidente de la Asociación Nacional de Enriquecimiento Matrimonial. Su artículo describió cómo la unidad y la intimidad pueden mantenerse en el matrimonio. El título, "Relación en profundidad", es lo que me llamó la atención, porque habla de nuestro anhelo universal de comunión en el matrimonio.

En este artículo y en muchos de sus libros posteriores, Mace describe una *relación en profundidad* como el resultado de muchos años de "comunicación en profundidad". Él destaca varias cosas que son necesarias para que las parejas desarrollen una intimidad y unidad duraderas en el matrimonio, incluidas muchas de las cosas que abordaremos a lo largo de este libro. Sin embargo, advirtió que la relación en profundidad no es un proyecto a corto plazo en el matrimonio. Más bien, según Mace, es un esfuerzo que lleva toda una vida de alianza del amor y comunicación de calidad entre marido y mujer. Para mi consternación, notó que lleva unos *cincuenta años* desarrollar este nivel de unidad en el matrimonio.

Habiendo estado casado solo dos años en el momento de leer el artículo de Mace, lamenté que a Margie y a mí nos quedaran cuarenta y ocho años más. Tenía miedo de que nunca lográramos una relación en profundidad. Y en cierto sentido, mis preocupaciones fueron validadas. Con Margie muriendo antes de que llegáramos a nuestro aniversario de oro, no experimentamos por completo la longevidad o la profundidad de la relación que Mace presentaba como el ideal. Pero después de cada década de matrimonio, el recuerdo de la sabiduría de Mace se volvió más y más alentador para mí.

Aunque mi deseo de una mayor comunión nunca vaciló, mi paciencia y comprensión crecieron considerablemente a lo largo de los años. Me di cuenta de que tanto Margie como yo teníamos una capacidad limitada para amar plenamente. También me di cuenta de que el matrimonio no era una carrera corta sino un maratón. Necesitaba ser paciente conmigo mismo, con ella y con nuestro matrimonio, permitiéndonos crecer y madurar hacia una mayor intimidad. Después de todo, esta es la naturaleza del verdadero amor como lo describe san Pablo: "El amor es paciente . . . lo espera todo y lo soporta todo" (1 Cor 13,4-7).

Cuando miro hacia atrás a todos los años de nuestro matrimonio, veo muchas formas y momentos en los que Margie y yo compartimos una hermosa e íntima comunión entre nosotros y con nuestras hijas y familia extendida, incluidos los preciados últimos meses y días de su vida. Sin embargo, también hubo muchos otros días en los que cada uno de nosotros se sintió solo, cuando nuestros deseos de intimidad y unidad nunca fueron completamente satisfechos dentro de nuestra relación. Creo que esto es cierto para todos los matrimonios, en un grado u otro. Cualquiera que haya estado casado durante algún tiempo se da cuenta de que ninguno de los dos en la relación es capaz, aparte de Dios, de amar como Dios ama. Entonces, cada uno de nosotros queda con anhelos insatisfechos de intimidad que solo él puede llenar por completo. Christopher West, conocido por su popularización de la teología del cuerpo de san Juan Pablo II, se refiere a esta brecha entre nuestros deseos y su cumplimiento como el *dolor* universal que todos experimentamos[2].

Sin embargo, aunque nos quedemos cortos, es mucho más probable que aquellos que aspiran a la meta encuentren la realización y la unidad en el matrimonio que aquellos que reprimen sus deseos y pierden la esperanza por completo. El mundo parece haber perdido en gran medida la esperanza de que sea posible una comunión duradera. Por eso, muchos se conforman con experiencias temporales de intimidad superficial y relaciones seriales. Otros permanecen "comprometidos", pero se resignan a un matrimonio sin unidad ni intimidad, a lo que el Encuentro Matrimonial se refiere como *solteros casados*. Ninguna de estas distorsiones de la relación es lo que Dios pretendía desde el principio. Más bien, Dios ordenó una alianza para que pudiéramos vivir en comunión.

Alianza y comunión

Recientemente tuve la oportunidad de observar cómo los valores de la alianza y la comunión trascienden las diferencias culturales y religiosas. Mientras estábamos sentados junto a una pareja de la India en un avión, el esposo y yo comenzamos a hablar sobre nuestras familias.

Al principio pensé que nuestra comprensión del matrimonio sería muy diferente (literal y figurativamente), ya que él practicaba la religión hindú y me dijo que él y su esposa tenían un matrimonio concertado. Pero al final de nuestra conversación, me sorprendió descubrir cuánto teníamos en común.

Él y su esposa habían estado casados durante cuarenta y dos años (como habríamos estado Margie y yo). Ellos también, como nosotros, tenían dos hijos adultos que estaban casados y tenían hijos. Además, como Margie y yo, este hombre y su esposa eran muy cercanos a sus hijos, a las esposas de sus hijos y a sus nietos. Me dijo que él y su esposa, y sus hijos casados, consideraban sus uniones como lazos inquebrantables a los ojos de Dios. Él dijo: "Todo se reduce al amor". Lamentó las muchas relaciones casuales y las rupturas que causan tanto daño en nuestra cultura moderna.

Me animó escuchar cuán importante es el matrimonio para este hombre hindú y su esposa. Mientras hablábamos, también pensé en cuán central es la comprensión de la alianza dentro de las principales religiones del mundo, especialmente las religiones judía, musulmana y cristiana. De hecho, mientras hablábamos, pensé en cómo la alianza y la comunión son los temas generales que se encuentran en toda la Biblia, a los que las religiones teístas se refieren de una forma u otra. La comunión es la naturaleza primaria de la relación. Es lo que nos da un sentido de pertenencia y conexión. Y para sobrevivir, debe estar protegido por una alianza: el vínculo que mantiene unida una relación y permite que florezca la unidad.

Vemos la importancia de la alianza y la comunión al observar las relaciones que se forjan sin alianza. Piense por un momento en las relaciones cuasi matrimoniales en nuestra cultura. Hay muchos ejemplos de relaciones que buscan algún nivel de comunión sin la protección que brinda la alianza: aventuras de una noche, sexo prematrimonial, relaciones adúlteras, cohabitación, matrimonios en serie, etcétera. Todas son formas de disfrutar de la intimidad sexual sin salvaguardar la relación y el tierno corazón de los involucrados.

Sabemos por experiencia cómo resultan las relaciones cuando no existe una alianza para proteger la vulnerabilidad que se requiere para este nivel de intimidad. Si bien estas frágiles relaciones pueden comenzar con una gran pasión y un genuino deseo de unidad, inevitablemente terminan con una estela de corazones rotos, no solo para la pareja sino también para quienes dependen de ellos (especialmente los niños). Las relaciones rotas, y los corazones rotos que inevitablemente siguen, hacen que sea más difícil confiar en el amor en las relaciones futuras.

Igualmente preocupantes son aquellos matrimonios superficiales que establecen un vínculo de alianza solo de nombre sin ninguna comunión real, como aquellos que están bautizados pero no participan activamente en su fe[3]. Estas uniones son falsos testigos del Sacramento del Matrimonio. Eventualmente se convierten en matrimonios vacíos, en los que no se puede desarrollar una intimidad genuina porque falta el amor auténtico. Vivir en este tipo de ambiente es como vivir en un desierto sin agua. Sin comunión, los corazones se cierran y el amor desaparece.

En el fondo, ninguno de nosotros quiere una relación rota o superficial con nuestro cónyuge. Anhelamos una relación profunda marcada tanto por la alianza como por la comunión (es decir, la verdadera devoción). Para esto, necesitamos lo que el doctor Mace describe como *comunicación en profundidad.*

Comunicación en profundidad

La palabra *comunicación* significa literalmente el "proceso de convertirse en uno". Si entras en un matrimonio sacramental, legal y místicamente te conviertes en uno en el momento en que consumas tu matrimonio en el abrazo sexual. Estableces una alianza santa y entras en el proceso de crecer en comunión. Esta comunión debe ser alimentada y nutrida diariamente por el tipo de comunicación que permite que la unidad crezca y se desarrolle con el tiempo. La comunicación es mucho más que las palabras que decimos. Implica todas las formas en las que nos expresamos e incluso las formas en que fracasamos respondiendo a nuestro cónyuge.

Los investigadores dicen que menos del 10 por ciento de la comunicación es a través de palabras; el otro 90 por ciento incluye elementos no verbales como contexto, tono de voz, expresiones faciales, postura corporal, tacto, etcétera[4]. Cada una de estas formas de expresión está fundamentalmente influenciada por nuestras actitudes de amor y honor mutuos, o la falta del mismo. Cuando la comunicación está enraizada y cimentada en la alianza del amor, la honestidad impregna la relación, lo que permite que la confianza se desarrolle orgánicamente. La unidad florece de forma natural en este tipo de entorno enriquecedor. Por el contrario, cuando prevalecen los juicios y la deshonra, la autoexpresión deja de dar vida y, en cambio, se vuelve divisiva y destructiva. El doctor John Gottman, quien dedicó su carrera a estudiar las formas en que las parejas se comunican, concluye que "la comprensión, el honor y el respeto" mutuo y por el matrimonio son los ingredientes clave para una relación duradera[5]. ¿No es esto lo que prometemos entre nosotros cuando profesamos públicamente nuestros votos matrimoniales? Pero pocos de nosotros hemos perfeccionado estas virtudes en nuestras interacciones diarias. Ahora me doy cuenta de que no estaba lo suficientemente maduro o sanado para traducir los votos que le prometí a Margie en nuestra boda en mi comunicación diaria con ella. Mi experiencia como terapeuta marital me aseguró que no estaba solo. Descubrí que muy pocas parejas tienen la madurez espiritual y emocional, o las habilidades de comunicación para construir una unidad duradera en sus matrimonios.

Muchos de nosotros pensamos que nos estamos comunicando cuando en realidad estamos haciendo lo contrario. Muchas veces nuestras interacciones no aumentan nuestro sentido de comunión; en cambio, tienen el efecto contrario. Por ejemplo, cuando degradamos a nuestro cónyuge o tratamos de usar nuestras palabras y acciones para obligarlo a hacer algo que queremos, terminamos creando más distancia en nuestra relación. Este tipo de interacción provoca inevitablemente una ruptura de la confianza. En estos momentos, nuestras interacciones e inacciones fomentan la distancia y la división en lugar de fortalecer los lazos de unidad. Solo el amor genuino y coherente, expresado en nuestra comunicación diaria, puede cultivar una unidad duradera.

Cuando repaso la historia de mi relación con Margie, puedo ver momentos en los que nos comunicábamos con amor y honor y, como resultado, nos acercamos más. Pero hubo otros momentos en que nuestra forma de relacionarnos creó más distancia entre nosotros. Al principio de nuestro matrimonio, e incluso antes de casarnos, tenía en mente un ideal de lo que pensaba que debería ser el matrimonio. Este ideal fue distorsionado por mis heridas sin cicatrizar y mi autosuficiencia. Sin darme cuenta, esperaba que Margie cumpliera con mi visión perfecta para el matrimonio, aunque no le había comunicado esta visión con claridad. Mi ideal era bueno en general, pero se basaba solo en parte en la fe. El miedo también fue un motivador importante.

Mi intento de influenciar a Margie para que viviera a la altura de mi ideal no dio vida a ninguno de los dos. Yo usaría mis palabras y acciones para persuadirla de que se ajustara a mi visión. Mis deseos de intimidad y de unidad eran algo saludables, pero mis interacciones crearon más distancia entre nosotros. Me preguntaba por qué levantó muros y retiró su corazón, y por qué no pudo ver mis necesidades en esos momentos. Me tomó un tiempo darme cuenta de que mi forma de comunicarme revelaba un problema más profundo.

El problema real que subyacía a mi mala comunicación radicaba en mi incapacidad para querer a Margie por completo. A veces me faltó el honor y el respeto por su dignidad personal y su libre elección, especialmente cuando yo no aprobaba sus decisiones o comportamiento. Esta falta de honor tenía raíces aún más profundas, derivadas de mi falta de honor hacia mi madre y mi padre después de su divorcio y de las relaciones rotas con mis novias en mi adolescencia. En última instancia, esta actitud de falta de respeto estaba enraizada en mi propia vergüenza, que provenía de mi falta de sumisión a Dios y su alianza. Todo esto es un subproducto del pecado original. Y fue difícil para mí reconocerlo, porque mi postura general era de honor y de respeto por Margie, mis padres y todos los demás. Pero aún hoy, hay áreas de mi corazón (y probablemente del tuyo también) que aún no se han formado en el amor.

Nadie quiere ser obligado a cambiar para adaptarse al ideal de otra persona. Esto es una violación de nuestra dignidad como personas y una traición al verdadero amor. Cuando nos sentimos presionados por nuestro cónyuge para pensar o actuar de cierta manera, naturalmente levantamos muros y nos alejamos para protegernos. La unidad solo se desarrolla cuando se manifiesta el amor abnegado. Lentamente, a medida que maduraba en el amor, aprendí a honrar la libertad de Margie y me concentré en satisfacer sus necesidades en lugar de insistir en que ella satisficiera las mías y mis ideales. También aprendí a compartir mis necesidades de manera más vulnerable, así como mis percepciones y experiencias, para que ella pudiera entender mis deseos. También crecí en mi capacidad de escuchar sus percepciones y experiencias para descubrir sus necesidades y deseos. Eventualmente aprendimos a aceptarnos y a respetar la libertad de la otra persona. Cuando nos comunicamos de una manera más saludable, nuestra confianza creció y nuestros muros se derrumbaron. En esos momentos, nuestra comunicación se convirtió en un medio para construir la unidad en lugar de un catalizador para aumentar la división.

Yo desearía poder decir que dominamos la comunicación saludable después de cuarenta y dos años de matrimonio. Pero eso no sería cierto. Incluso en los mejores tiempos, nuestra comunicación no era perfectamente vivificadora y unificadora. Y, en contraste, incluso en los peores momentos, aspectos de nuestra comunicación nos permitieron escucharnos y cuidarnos. Creo que esto es cierto de alguna manera para todas las parejas casadas, incluidos tú y tu cónyuge. Tomemos un momento para explorar cómo se desarrolla esto en tu vida y en tu matrimonio.

Tómate un momento

1. Imagínate en la demostración como Adán y Eva con la Trinidad. ¿Qué experimentan cuando se abrazan mientras están rodeados por el amor de la Trinidad?
2. ¿Qué sucede con la confianza cuando tratamos de tener unidad sin dedicarnos los unos a otros a través de la alianza?
3. Según tu experiencia, ¿cómo impactan la deshonra y la coerción en la unidad? ¿Qué formas de comunicación favorecen una comunión duradera?

Cinco áreas clave

Como hemos notado, la comunión se desarrolla a través de una comunicación saludable. Pero no toda la comunicación tiene el mismo impacto. He descubierto que hay cinco áreas clave de comunicación que son esenciales para desarrollar la unidad marital. Estas cinco áreas clave son la unidad espiritual, la intimidad emocional, el compañerismo diario, el trabajo en equipo cooperativo y la realización sexual.

La siguiente tabla destaca estas cinco áreas clave de la unidad marital (columna de la izquierda), mostrando las prácticas de comunicación son esenciales para cultivar la unidad en cada área (columna central) y los obstáculos que se interponen en el camino de una comunicación saludable (columna de la derecha).

ÁREAS DE COMUNIÓN	MEDIOS DE COMUNICACIÓN	OBSTÁCULOS A LA COMUNICACIÓN
LA UNIDAD ESPIRITUAL	Orar y rendir culto	La apatía y la oposición
LA INTIMIDAD EMOCIONAL	Escuchar y expresarse	Heridas y la falta de perdón
EL COMPAÑERISMO DIARIO	Trabajar y recrear	El aislamiento y el egoísmo
EL TRABAJO EN EQUIPO COOPERATIVO	La sumisión mutua y el acuerdo	El control y la autosuficiencia
LA REALIZACIÓN SEXUAL	Expresar afecto y hacer el amor	La lujuria y la falta de deseo

Estas cinco áreas de unidad, aunque distintas, son mutuamente interdependientes. Juntas expresan nuestra devoción en el matrimonio. Cada una fortalece a los demás y se basa en la anterior. Se enumeran en orden de progresión. La *unidad espiritual* es la base sobre la cual se construyen las otras cuatro áreas de unidad. Todo en el matrimonio depende de una base espiritual sólida. Esto es solo sentido común, porque sin amor y fidelidad genuinos, todo se desmorona. Los sacramentos, vividos auténticamente, proporcionan la base para la unidad espiritual. A medida que se viven en la oración y el culto regulares, las parejas pueden cultivar fuertes lazos de comunión con Dios y entre sí. Por el contrario, la apatía y la oposición espiritual son los principales obstáculos para el culto y la oración y, por lo tanto, impiden la unidad espiritual.

Sobre la base de la unidad espiritual, la siguiente área clave es la *intimidad emocional*. Cuando el amor y el respeto impregnan la relación, las parejas crecen naturalmente en la confianza mutua. En una atmósfera de seguridad emocional, pueden expresarse abiertamente con un sentido general de confianza de que serán escuchados y recibidos por su cónyuge. Esto a su vez mejora una mayor intimidad. Por otro lado, cuando hay algún tipo de traición en la relación y las heridas no se sanan, o cuando los problemas no resueltos en la relación conducen a una acumulación de resentimientos y falta de perdón, la conexión emocional se ve obstaculizada. Estos problemas deben abordarse y resolverse para que se pueda restablecer la conexión emocional.

Cuando la unidad espiritual y la intimidad emocional están presentes, las parejas gravitan naturalmente hacia el deseo de pasar tiempo juntos. Esta es la tercera área clave de la comunión marital: el *compañerismo diario*. Ya sea trabajando codo con codo o disfrutando juntos de una actividad recreativa favorita, el compañerismo permite que una pareja experimente un sentido de pertenencia que es una de las características clave de la unidad marital. Por el contrario, el aislamiento y las preocupaciones egoístas debilitan el compañerismo. Para superar estos obstáculos, las parejas deben dedicar tiempo juntos para participar en un trabajo agradable y pasar tiempo de calidad en actividades recreativas. Esto se mejora al establecer rutinas y rituales diarios que construyen compañerismo.

A medida que las parejas crecen en los primeros tres niveles de comunión, son más capaces de establecer un *trabajo en equipo cooperativo* en su matrimonio. El trabajo en equipo permite que las parejas sean "una mente y un corazón" al enfrentar los desafíos y decisiones en su vida común juntos. El trabajo en equipo abarca muchas tareas importantes, como la toma de decisiones, la administración del dinero, la crianza de los hijos, la administración del tiempo, el establecimiento de límites, etcétera. Aquellas parejas que dejan de lado su orgullo y aprenden a someterse el uno al otro en amor pueden encontrar maneras creativas de tomar decisiones mutuamente satisfactorias. Cuando esto ocurre, permanecen juntos en el mismo equipo. Pero cuando uno o ambos se niegan obstinadamente a cooperar, la toma de decisiones se convierte en una batalla por el control, lo que dificulta el desarrollo de la unidad en el trabajo en equipo.

La *realización sexual* es la última de las cinco áreas clave de unidad. Cuando las parejas tienen una unidad espiritual vibrante, son emocionalmente íntimas y han desarrollado compañerismo y trabajo en equipo, su relación sexual expresa la realización de su sentido general de comunión. La satisfacción sexual incluye toda la gama de actividades, desde expresiones íntimas de afecto hasta hacer el amor apasionadamente. Sintiéndose profundamente conectados y amados mutuamente, las parejas casadas pueden entregarse el uno al otro, libre, plena, fiel y fructíferamente. Los principales obstáculos para la realización sexual son la lujuria, que es una actitud de utilizar al otro para el propio placer, y la falta de deseo, que a menudo resulta de sentirse utilizado. Por lo general, estos obstáculos se acumulan unos sobre otros. Cuando se trata de la autogratificación, eventualmente sigue la falta de deseo.

Estas cinco áreas de unidad son mutuamente interdependientes: cuando un área se fortalece, ayuda a fortalecer las otras áreas. Colectivamente, están enraizados en un fuerte vínculo de alianza y se cultivan diariamente mediante una comunicación honrada y honesta. Cuando estos cimientos están presentes en el matrimonio, las parejas pueden sortear los obstáculos que amenazan su intimidad para establecer una confianza y una unidad cada vez mayores. A lo largo del resto de la primera parte, exploraremos estas cinco áreas con mayor profundidad, enfocándonos en un área en cada capítulo. En la segunda parte, para comprender la fuente de los conflictos y lograr la sanación y la reconciliación donde sea necesario, abordaremos cómo enfrentar y superar los obstáculos que se interponen en el camino de la comunión.

Antes de pasar al siguiente capítulo para abordar la primera de estas áreas (*unidad espiritual*), te animo a que te tomes un momento para reflexionar sobre estas cinco áreas de unidad en tu relación. Si estás casado o comprometido, te recomiendo encarecidamente que completes el "Discurso sobre el estado de tu unión" en la actividad para parejas. Te preparará para recibir un mayor beneficio en el resto del libro.

Tómate un momento

Estas pueden ser respondidas individualmente, como pareja o en una conversación grupal.

1. ¿Cuáles son las cinco áreas clave de la unidad marital y por qué son importantes para tu matrimonio?
2. ¿Qué habilidades de comunicación se necesitan para cada área? ¿Cuál es tu área más débil? ¿Más fuerte?
3. ¿Cuáles son los obstáculos clave que impiden la unidad en cada área? ¿De qué obstáculo eres más consciente en tu matrimonio?

Actividad para parejas: discurso sobre el estado de tu unión

Esta es una oportunidad para evaluar estas cinco áreas clave de la unidad marital en tu relación. Escribe tus respuestas por separado. Sé honesto contigo mismo. Luego comparte un resumen de cada área con tu cónyuge. Al compartir estas evaluaciones de tu relación, hazlo con respeto y honor mutuos, deseando escuchar y comprender lo que tu cónyuge percibe en cada área. Este no es un momento para discutir o coaccionar. Permite que la comunicación en estas áreas de tu relación genere intimidad y comprensión, lo que eventualmente traerá una mayor comunión entre ustedes a largo plazo.

A. La unidad espiritual

1. ¿Cómo describirías la unidad espiritual en tu matrimonio?
2. Describe cómo, cuándo y con qué frecuencia ustedes oran y adoran juntos.
3. ¿Cuáles son los obstáculos que interfieren en la unidad espiritual?
4. ¿Qué cambios deseas en tu relación espiritual juntos?

B. La intimidad emocional

1. En una escala del 1 al 10, califica el nivel de intimidad emocional en tu matrimonio (siendo 1 el más bajo y 10 el más alto).
2. ¿Qué tan bien expresan tus emociones y se escuchan mutuamente?
3. ¿Cuáles son las barreras que interfieren con tu intimidad emocional?
4. ¿Qué cambios crees que ayudarían a fomentar la intimidad emocional en tu matrimonio?

C. El compañerismo diario

1. ¿Qué actividades les gusta realizar como pareja?
2. ¿Cuáles son los rituales diarios (el trabajo, el descanso u otros) que te ayudan a mantener el compañerismo?
3. ¿Sientes que tus necesidades de compañía están siendo satisfechas? ¿Por qué o por qué no?
4. ¿Qué mejoraría tu compañerismo? ¿Estás dispuesto a invertir el tiempo y la energía para que esto suceda?

D. El trabajo en equipo cooperativo

1. Describe el nivel general de cooperación y trabajo en equipo en tu matrimonio.
2. ¿En qué áreas necesitas mejorar tu trabajo en equipo y cooperación?

3. ¿En qué áreas de tu matrimonio estás experimentando una batalla de voluntades?
4. ¿Cómo te sientes sobre practicar la sumisión mutua en tu matrimonio? ¿Estás dispuesto a practicarla? ¿Por qué o por qué no?

E. La realización sexual

1. ¿Tu relación sexual es mutuamente satisfactoria? Explica.
2. ¿Se entregan libre y plenamente en su abrazo sexual? ¿Cuándo y cómo niegan el afecto y la intimidad sexual entre ustedes?
3. ¿Son fieles a su matrimonio y abiertos a la descendencia? ¿Dónde está la lujuria, la cosificación, el placer propio o la falta de interés como un problema en tu realización sexual?
4. ¿Qué cambios te gustaría ver en esta área que les brindaría a ambos una mayor satisfacción?

3

ARRAIGADO EN CRISTO: LA UNIDAD ESPIRITUAL

Si el Señor no construye la casa en vano trabajan los albañiles.

—Salmo 127:1

Al final del capítulo anterior, te animé a evaluar la unidad espiritual como pareja y como parte de tu "Discurso sobre el estado de tu unión" personal. Te pedí que describieras cómo y cuándo oras y adoras como pareja, los obstáculos que frustran la unidad espiritual y los cambios que te gustaría ver para fortalecer esta área tan importante de tu relación. Si aún no has completado esta actividad, te animo a volver y realizar la reflexión antes de comenzar este capítulo. Responder estas preguntas te ayudará a personalizar todo lo que hablamos en este capítulo para fortalecer esta parte fundamental de tu matrimonio.

Cuando recuerdo mi matrimonio con Margie, reconozco que desde el principio pensé que éramos compatibles en nuestra fe y espiritualidad. Más tarde, nuestra falta de unidad espiritual casi destruyó nuestro matrimonio. Sin embargo, en la época más difícil de nuestro matrimonio, desperté de mi apatía y descubrí un fundamento subyacente de fe que nos mantuvo unidos frente a una feroz oposición espiritual. Al final de nuestro matrimonio, vimos los frutos de todo lo que Dios había hecho a lo largo de los años al responder nuestras oraciones.

Cuando recién nos casamos, pensé erróneamente que teníamos una unidad espiritual sólida. Habiendo sido criados como católicos, ambos íbamos a la Misa semanalmente y asistíamos a la escuela primaria y secundaria católica. Elegimos casarnos por la Iglesia y entramos a nuestro sacramento con buenas intenciones. Estos signos externos de fe me llevaron a concluir que teníamos un fundamento espiritual sólido y la base para la unidad en nuestro matrimonio. Pero de lo que no me di cuenta es que teníamos muchas grietas en nuestra base espiritual.

Ambos nos llamábamos cristianos, pero algunas de las decisiones más importantes que tomamos antes del matrimonio no estaban de acuerdo con las enseñanzas de Cristo. Cuando llegó el momento de tomar esas decisiones, no recurrimos al Espíritu Santo en busca de orientación. De hecho, en algunas de esas decisiones importantes, hicimos exactamente lo contrario: nos alejamos de lo que sabíamos que era la voluntad de Dios y, en cambio, queríamos lo que queríamos. Un ejemplo vino con nuestra relación sexual antes del matrimonio. Ambos sabíamos que tener intimidad sexual antes del matrimonio era una violación directa de la santa voluntad de Dios, pero lo hicimos de todos modos. Aunque mi conciencia me molestaba, lo justifiqué en mi mente, diciéndome a mí mismo: *Si eventualmente nos casaremos, entonces ¿cuál es el problema?* También comenzamos a usar métodos anticonceptivos antes del matrimonio. Racionalicé esto diciendo que no podía encontrar la enseñanza de la Iglesia sobre la anticoncepción en ninguna parte de las Escrituras. Me estremezco ahora al darme cuenta de que usé la Palabra de Dios para resistir su voluntad y justificar nuestro pecado. Para empeorar las cosas, ninguno de nosotros confesó estos pecados antes de contraer matrimonio.

Más tarde, después de dar a luz a nuestra segunda hija, Margie decidió que quería someterse a una ligadura de trompas. Aunque deseaba tener más hijos y no apoyaba la idea, acepté su decisión (pensé que estaba respetando su libertad, porque era su cuerpo). Todo esto ocurrió antes de que llegáramos a la marca de los cinco años de nuestro matrimonio. Estas elecciones crearon grandes grietas en nuestra base espiritual. Aunque ninguno de nosotros parecía darse cuenta de la brecha en ese momento, más tarde me di cuenta de que estas decisiones nos cortaron de una relación vital con el Espíritu Santo.

En retrospectiva, los efectos de nuestras elecciones se hicieron evidentes en nuestras interacciones diarias. Durante esos primeros años de nuestra relación, nunca pensamos en orar juntos o confesarnos, y solo asistíamos a la Misa ocasionalmente. Permitimos que se acumularan resentimientos entre nosotros. Cuando tratamos de dirigirnos a ellos, fallamos en acercarnos con humildad. En el calor de nuestros conflictos, nos olvidamos de amarnos y apreciarnos mutuamente con nuestros pensamientos y palabras, aunque el día de nuestra boda nos habíamos prometido que lo haríamos. Ambos profesamos creer en Dios, pero algunas de nuestras acciones y decisiones no estaban de acuerdo con eso.

Cuando tenía veintitantos años, experimenté el comienzo de un despertar espiritual que describí en el capítulo 1. Finalmente entendí que mi falta de devoción a Dios también estaba afectando mi relación con Margie. En respuesta, comencé a orar y leer las Escrituras con regularidad. Luego, el Espíritu Santo me llevó a enfrentar esas áreas de pecados no confesados anteriores en nuestra relación al ayudarme a darme cuenta de que era una rebelión espiritual elegir mi voluntad sobre la de Dios. Simultáneamente, el Espíritu Santo también comenzó a revelar mis heridas de la niñez que había mantenido enterradas durante muchos años.

Yo deseaba profundamente que Margie compartiera conmigo esta renovación espiritual, pero ella se resistió durante muchos años. Mi entusiasmo espiritual renovado terminó creando una mayor división entre nosotros, emocional y espiritualmente. Para cuando teníamos poco más de treinta años, esta grieta en los cimientos de nuestra relación se convirtió en una gran grieta. Nuestra falta de unidad espiritual fue un factor clave para tentarnos a divorciarnos. Esta división central fue profundamente dolorosa para ambos, y ninguno de nosotros podía ver cómo podríamos seguir juntos con este abismo entre nosotros.

Pero gracias a Dios, cuando las cosas llegaron a un punto crítico, finalmente hablamos abiertamente sobre nuestros sentimientos. Después de reconocer mi bancarrota emocional, le dije a Margie: "Siento que la única opción es divorciarme, pero no puedo creer que sea la voluntad de Dios". Su respuesta me sobresaltó. Ella dijo simplemente:

"No lo es". En ese momento, mis ojos se abrieron y pude ver que ella todavía valoraba nuestro sacramento y se preocupaba por hacer la voluntad de Dios. Con ambos reconociendo nuestro matrimonio como un sacramento del amor de Cristo, me di cuenta de que teníamos una base espiritual sobre la cual construir juntos.

El Sacramento del Matrimonio

Los sacramentos son las palabras vivificantes de Jesús, vividas prácticamente, en el poder del Espíritu Santo. Cuando se practican auténticamente, los sacramentos tienen el potencial de transformar cada área de nuestra vida. Pero pocos de nosotros apreciamos esta realidad completamente. Muchos de nosotros tendemos a ver los sacramentos como rituales anticuados que no tienen relación con nuestras vidas en el presente. No somos conscientes del poderoso dinamismo espiritual que permanece presente dentro de cada sacramento, en cada momento de nuestra vida.

Eso fue ciertamente cierto para Margie y para mí al principio de nuestro matrimonio. Vimos nuestro sacramento como algo que ocurrió en el pasado en lugar de lo que realmente fue: la gracia de amarnos el uno al otro en cada momento de nuestra vida juntos. Como muchos otros que están casados por la Iglesia, teníamos amnesia espiritual. Nos profesamos nuestros votos el uno al otro, pero luego fallamos en cumplirlos en nuestras acciones diarias. No dependíamos del poder del Espíritu Santo para amarnos el uno al otro libre, plena, fiel y fructíferamente, aunque habíamos prometido hacerlo el día de nuestra boda.

En mi trabajo como terapeuta, vi que Margie y yo no éramos los únicos que fallaban en vivir nuestro sacramento auténticamente. La mayoría de las parejas cristianas a las que aconsejé durante mis años como terapeuta matrimonial parecían sufrir la misma desconexión entre los votos sagrados que profesaban y la forma en que interactuaban entre sí en la vida diaria. Al igual que Margie y yo, no veían la relevancia de su sacramento en la forma en que se relacionaban, incluida la forma en que enfrentaban conflictos, tomaban decisiones, hacían el amor y oraban juntos como pareja. Pude entender, porque nosotros también vivimos así durante muchos años en nuestro matrimonio.

Esta actitud displicente que muchos de nosotros tenemos con respecto al Sacramento del Matrimonio contrasta con la hermosa visión de la Iglesia para el matrimonio. Nota el entusiasmo de Tertuliano, quien vivió algunos siglos después de Jesús, cuando habla del propósito y la dignidad de un matrimonio bendecido por la Iglesia: "¿Cómo lograré exponer la felicidad de ese matrimonio que la Iglesia favorece, que la ofrenda eucarística refuerza, que la bendición sella, que los ángeles anuncian y que el Padre ratifica? . . . ¡Qué yugo el de los dos fieles unidos en una sola esperanza, en un solo propósito, en una sola observancia, en una sola servidumbre! Ambos son hermanos y los dos sirven juntos; no hay división ni en la carne ni en el espíritu. Al contrario, son verdaderamente dos en una sola carne y donde la carne es única, único es el espíritu"[1].

Tertuliano afirma lo que la Iglesia siempre ha enseñado sobre el santo Matrimonio. Ante todo, es un vínculo sagrado que refleja nuestra unión con Cristo. Mira todas las formas en que Tertuliano enfatiza el vínculo de unidad que se crea a través del sacramento: "Qué maravilloso el vínculo entre dos creyentes". "No hay separación entre ellos". Se han convertido en "dos en una sola carne". Son uno en el Espíritu. ¿Oyes su énfasis en la *unidad espiritual*? Esta es tu herencia. Si has sido "unido por la Iglesia", *ya* se te ha dado el don de la unidad espiritual en tu matrimonio. No importa cuán conectado o desconectado te sientas con tu cónyuge en un día determinado, ustedes están unidos entre sí de maneras que van más allá de su capacidad de comprensión total. Esto, como dice tan elocuentemente san Pablo, es un *gran misterio* (ver. Ef 5:32).

A los ojos de Dios, si vives en estado de gracia, *tu matrimonio es santo*. ¿Te das cuenta de eso? Esta es la clave para tener un buen matrimonio: ver tu relación de la manera en que Dios la ve y permitir que el amor de Jesús se exprese a través de ti. Al ceder a los impulsos del Espíritu Santo, llegas a descubrir que la unidad espiritual ha existido todo el tiempo. Cuando no puedas vivir de esta manera, no te rindas; el Sacramento de la Reconciliación está disponible para restaurarte en la santidad, y la Eucaristía es una fuente continua de gracia y de fortaleza.

Para muchos de nosotros, esta es una desviación radical de la forma en que vemos nuestra relación matrimonial en medio de todos los rituales y rutinas aparentemente mundanos del matrimonio. Necesitamos los ojos de la fe para ver esta realidad más profunda. Recuerda la demostración que describí en el capítulo anterior, de Adán y Eva abrazándose en el capullo protector del Padre, del Hijo y del Espíritu Santo. Esa es una buena representación visual de la unidad espiritual en el matrimonio.

Dios diseñó el matrimonio para que se experimente de esta manera, como una comunión con la Santísima Trinidad. Cuando permiten que ustedes mismos y su relación se sumerjan en el amor que todo lo abarca de Dios, permanecen conectados con él y con los demás. Cuando dejas esa cubierta protectora del amor de Dios y te alejas por tu cuenta, te pones a ti mismo y a tu matrimonio en peligro. En retrospectiva, veo que Margie y yo pusimos en peligro nuestro matrimonio desde el principio al no establecer nuestro fundamento en el Señor. Durante muchos años estuvimos cegados a los efectos de nuestras elecciones. ¿Y tú? Tómate un momento para reflexionar sobre la unidad espiritual en tu matrimonio.

Tómate un momento

1. ¿Crees que la unidad espiritual es esencial para un buen matrimonio? ¿Por qué o por qué no?
2. Cuando lees la descripción de Tertuliano del Sacramento del Matrimonio, ¿cómo se compara con tu visión del matrimonio?
3. ¿Expresas tu unidad espiritual adorando y orando juntos como pareja? Explica.

Rendir culto a Dios juntos

La mayoría de nosotros estamos familiarizados con la frase “Las familias que oran juntas, permanecen juntas”. Este proverbio moderno ha sido validado por investigaciones académicas y reafirmado repetidamente por el fiel testimonio de muchas parejas que hacen del culto y de la oración una prioridad en su matrimonio. Según estudios de investigación, las parejas casadas que oran y adoran juntos con regularidad son generalmente más felices que las que no lo hacen. De hecho, las parejas que oran juntas todos los días y adoran juntas formalmente al menos semanalmente tienen la mayor probabilidad de permanecer casadas de por vida. También experimentan una mayor apreciación de su unidad espiritual al ver que los frutos de sus oraciones y de su culto impregnan todas las demás áreas de su relación[2].

¿Tú y tu cónyuge oran y adoran juntos regularmente de esta manera? Si no es así, te recomiendo encarecidamente que lo hagas. Además de expresar tu devoción a Dios, es el mejor seguro que puedes brindar para tu matrimonio y tu familia. Eso es porque la oración y el culto auténticos honran a Dios como el verdadero centro de sus vidas y relaciones, por delante de cualquier otro apego. Poner a Dios primero te protege de idolatrar tu matrimonio o buscar a tu cónyuge para satisfacer todas tus necesidades. Además, rendir culto a Dios y depender de él es la única forma de integrar cada aspecto de tu vida. El culto auténtico es el fundamento de la unidad espiritual (ver *CIC* 2114).

El culto nos sana al despertar nuestros corazones al amor apasionado y la generosidad de Dios. A medida que participamos activamente en agradecerle, aprendemos a ver todo, incluido nuestro matrimonio, como un regalo de su bondad para con nosotros. Esto lo expresa hermosamente Ann Voskamp en su exitoso libro *One Thousand Gifts* [Mil regalos]: "Dar gracias me despierta a un Dios que se da a sí mismo, la pasión desnuda y desvergonzada, Dios que se da a sí mismo *a mí*"[3]. Este despertar a su vez nos motiva a responder de la misma manera, deseando darnos libre y plenamente, manteniendo un profundo agradecimiento por todas las formas que Dios y nuestro cónyuge nos dan con generosidad.

Rendir culto de esta manera nos libera del egocentrismo. Lentamente, somos transformados en Cristo, para amar como él ama. En su libro *Spousal Love* [Amor conyugal], el diácono James Keating describe cómo las parejas casadas son llevadas a la ofrenda de Cristo mismo en el culto: "El culto en la Misa es la forma más elevada de oración, ya que durante este culto somos elevados a la propia ofrenda de Cristo, al Padre, por amor a su Esposa, la Iglesia . . . Ni siquiera podemos entender lo que es el matrimonio si no miramos cómo Cristo ama a la Iglesia, hasta el final (Jn 13:1)”[4].

Rendir culto juntos en la Misa con este nivel de conciencia significa traer cada aspecto de nuestro matrimonio a la ofrenda de Cristo. Durante el rito penitencial, se nos invita a nombrar y soltar las faltas específicas nacidas del egoísmo para que podamos amar más libremente. Durante la Liturgia de la Palabra, mientras escuchamos atentamente a Dios hablar a nuestros corazones, su sabiduría nos inspira a amar más fielmente. En el ofertorio, al dar gracias al Padre por todos sus generosos dones, podemos ofrecernos plenamente, en unión con la ofrenda de Cristo. En la consagración, en el silencio de nuestro corazón, podemos renovar nuestros votos bautismales a Jesús (como Esposo) así como nuestros votos matrimoniales, recordando que nuestra vida y matrimonio han sido consagrados a Cristo. Al final de la Plegaria Eucarística, reafirmamos con nuestro *Amén* que nuestro matrimonio debe ser vivido diariamente “por él, con él y en él”. Al rezar el Padrenuestro e intercambiar el signo de la paz, oramos para que se haga la voluntad de Dios en todos los aspectos de nuestras vidas, incluido nuestro matrimonio. También perdonamos a cualquiera, incluso a nuestro cónyuge, por cualquier cosa que pueda obstaculizar nuestra comunión con Jesús.

Mientras recibimos el Precioso Cuerpo y Sangre de Cristo en la Sagrada Comunión, oramos por una mayor comunión entre nosotros. El diácono Keating alienta a las parejas casadas a pedir gracias especiales durante este tiempo después de recibir la Comunión: “Las parejas deben dejar que Jesús viva su amor conyugal por la Iglesia nuevamente en su propio amor mutuo. Lo hacen simplemente pidiéndole en oración que lo haga, y compartiendo sus necesidades y deseos con Él: ‘Señor, vive de nuevo en mí tu amor conyugal por la Iglesia. Ayúdame a amar a mi esposo como amas a la Iglesia. Ama a mi cónyuge por mí y conmigo’”[5].

¿Puedes ver cómo rendir culto de esta manera puede transformar tu matrimonio? Obviamente, este tipo de culto y oración no está reservada solo para la Misa. El culto auténtico debe impregnar todos los pequeños momentos de nuestra vida diaria como pareja y familia, incluidas las formas en que interactuamos entre nosotros, con nuestros hijos y con quienes están fuera de nuestro hogar. Demasiados de nosotros conocemos la experiencia de pelear camino a Misa y olvidar a Jesús tan pronto como salimos de Misa. Keating advierte que, si no se habla de Jesús fuera de la Misa dominical, algo peligroso sucede: "Comenzamos a pensar que Dios no es accesible en la cotidianidad de nuestros días"[6]. Voskamp agrega: "El servicio de la Comunión solo es completo *en el servicio*. La Comunión, por necesidad, nos lleva siempre a la comunidad"[7].

Este es el fin último de tu matrimonio: vivir en comunión con Cristo y entre ustedes para que sus hijos y muchos otros sepan que están destinados al amor. La comunión siempre es posible, porque Jesús prometió que se quedaría con nosotros (ver Mt 28:20). Sin embargo, podemos olvidarnos de su presencia si no somos devotos en oración. La oración es la segunda práctica principal de comunicación, junto con el culto, que fomenta la unidad espiritual. En la oración, recurrimos a las múltiples gracias de los sacramentos en nuestra vida diaria.

La oración diaria

La oración es como respirar. Necesitamos respirar en cada momento para seguir vivos. Del mismo modo, necesitamos orar sin cesar para mantener vivo el amor y la confianza en el matrimonio y para seguir creciendo en nuestra unidad espiritual como pareja. Junto con el culto, la oración es la comunicación más importante que tiene lugar en tu matrimonio, porque da forma a todos los demás aspectos de tu relación. Cada decisión que tomes en tu matrimonio es una oportunidad para pedirle al Espíritu Santo que te guíe. Cada vez que haces el amor o entras en una conversación íntima, si incorporas la oración, cultivas el fruto del Espíritu (caridad, gozo, paz, paciencia, longanimidad, bondad, fidelidad, mansedumbre y continencia). ¿Quién no querría una relación llena de estos abundantes frutos del amor?

Orar juntos como pareja también invoca bendiciones sobre tu matrimonio (y familia) en formas que ni siquiera puedes imaginar. Cuando oran juntos con regularidad, se vuelven más dóciles al Espíritu Santo, que luego afecta todas las formas en que se aman y se sirven. Cada vez que pasan tiempo juntos en el trabajo o la recreación, pueden tomar conciencia de que Jesús permanece con ustedes, fortaleciendo su vínculo de compañerismo. Cuando sufres momentos de soledad en tu matrimonio, como todos nosotros, la oración te permite saber que nunca estás solo, porque Jesús es íntimo contigo. Cuando fallan en amarse y apreciarse mutuamente, la oración les permite recibir el perdón de Dios, y luego humildemente pedir el perdón de tu cónyuge.

Pensarías que esta conciencia de estos beneficios esenciales de la oración sería suficiente motivación para que las parejas se dediquen a orar juntos a menudo, pero he descubierto que muchas parejas tienen dificultades para hacer de la oración una prioridad. Aunque hay muchas razones para esto, creo que hay dos obstáculos principales que interfieren con el culto y la oración juntos en el matrimonio. Estos son la *apatía* y la *oposición espiritual.*

La apatía y la oposición espiritual

La apatía se filtra en una relación cuando faltan la pasión y la devoción. Es una expresión del pecado de la pereza y el principal obstáculo al que se enfrentan la mayoría de las parejas cuando se trata de orar y rendir culto juntos. ¿Recuerdas mi experiencia en el estudio de la Biblia cuando Jesús me habló de ser "tibio" (Ap 3:16)? Me despertó y me di cuenta de que había sido apático en mi relación con él durante muchos años. La mayor parte del tiempo ni siquiera tenía el deseo de orar o rendir culto. Incluso cuando oraba o asistía al culto, a menudo lo hacía a medias, sin mucha pasión sincera.

Desde entonces, descubrí que yo no era el único que sufría de este malestar espiritual. Muchos matrimonios cristianos sufren de la apatía en su unidad espiritual, especialmente cuando se trata del culto y de la oración. La mayoría de las parejas parecen tener poco tiempo para la oración o el interés en el culto, ya sea juntos o solos.

¿Alguna vez te has detenido a considerar la grave injusticia hacia Dios debido a nuestra apatía espiritual? Durante la Misa, celebramos la *Pasión* de Jesús, donde él se entrega a nosotros como nuestro Esposo, de todo corazón y con la mayor generosidad posible. No retiene nada. Sin embargo, con demasiada frecuencia, lo adoramos con poca o ninguna pasión y apenas respondemos. Al carecer de un entusiasmo sincero, podemos parecer más muertos que vivos cuando participamos en actividades de oración o de culto. ¿Te imaginas a tu cónyuge haciendo el amor contigo y emanando el mismo nivel de pasión que solemos expresar al rendir culto a nuestro divino Esposo? ¿Te sentirías amado y deseado? Me estremezco al pensar en cómo se siente Jesús debido a nuestra apatía espiritual cuando da tan plenamente.

La apatía no solo debilita nuestra devoción; también nos hace vulnerables a la oposición espiritual. Nunca pensé mucho en la batalla espiritual hasta que las cosas se volvieron desesperadas durante la temporada del invierno en mi matrimonio. Más que nada, esa lucha me abrió los ojos a la influencia de fuerzas espirituales hostiles que se oponían activamente a nuestro matrimonio. Era casi demasiado tarde cuando me di cuenta de que el "padre de toda mentira" estaba tratando intencionalmente de destruir nuestro matrimonio al crear una división entre Margie y yo mientras nos tentaba a negar nuestros votos sagrados. En ese momento, desconocía en gran medida la influencia del engañador. Pero después de que superamos esa crisis, el Espíritu Santo comenzó a mostrarme la tremenda batalla espiritual que estaba ocurriendo en mi alma y en nuestro matrimonio.

A través de la oración y la lectura espiritual, llegué a darme cuenta de que había muchos puntos de acceso diferentes que nos hacían a mí y a nuestro matrimonio vulnerables a un intenso ataque espiritual durante este tiempo[8]. Nuestras heridas sin sanar y nuestros pecados no confesados eran los puntos de acceso más evidentes. Pero también hubo otros, incluidas las influencias generacionales del divorcio de mis padres y la atmósfera espiritual en nuestra casa, incluso antes de que nos mudáramos. Nunca pensamos en bendecir nuestra casa, a pesar de que la pareja que era propietaria de la casa antes que nosotros se divorció y, sin saberlo, invitó a los espíritus impíos de la división y del divorcio a entrar en la casa.

Cada una de estas áreas de acceso nos hizo vulnerables a la oposición espiritual. Después de ver por mí mismo la realidad de las influencias demoníacas, comencé a comprender por qué la Iglesia nos anima a bendecir nuestra casa y nos insta a ser fervientes en la oración: "Este combate y esta victoria sólo son posibles con la oración" (*CIC* 2849).

Después de trabajar en nuestras luchas maritales y con las percepciones que surgieron después, me di cuenta de que la oración no era algo por lo que pudiera darme el lujo de ser apático. Por el bien de mi bienestar espiritual, de nuestro matrimonio y de todos los miembros de nuestra familia, así como de la comunidad de la Iglesia en general, necesitaba dedicarme a Dios y hacer de la oración y del culto el centro de mi vida y de la piedra angular de nuestro matrimonio.

A medida que el Espíritu me guiaba a lo largo de los años, crecí en mi deseo y dedicación de orar y rendir culto a diario. Cada mañana, mientras me arrodillaba ante una imagen del Sagrado Corazón de Jesús, le pedía a Dios que continuara sanando cada uno de nuestros corazones y nuestro matrimonio. También recé para que nos protegiera del mal (que separa y divide) y nos pusiera en comunión con él y entre nosotros. Mes tras mes, año tras año, mientras continuaba orando de esta manera, Dios me llevó a través de un proceso de transformación personal y nos dio la gracia de la perseverancia.

Los cambios en mí y en nuestro matrimonio a veces eran imperceptibles. A menudo tuve la tentación de rendirme cuando Margie y yo no parecíamos estar logrando el tipo de progreso que yo deseaba en nuestra unidad espiritual. Pero como suele hacer, Dios reservó lo mejor para el final, como en las bodas de Caná, cuando el último vino fue mejor que el primero (ver Jn 2,9–10). Cuando Margie se enfermó, finalmente pude ver el fruto de esas oraciones que había estado orando durante los últimos treinta años de nuestra vida de casados. Dios nos llenó con una nueva efusión de su amor y de su gracia.

Margie se había resistido a orar juntos durante gran parte de nuestra vida de casados, aparte de la gracia en las comidas. Pero durante los últimos meses de la vida de Margie, oramos juntos varias veces al día, comenzando por la mañana y terminando cuando nos acostábamos por la noche. Por las mañanas, cuando regresaba de la Misa diaria, le llevaba la Eucaristía a casa de Margie. Primero rezamos juntos un Padrenuestro. En ocasiones, nuestros hijos y nietos se unieron a nosotros durante esta hermosa experiencia de la Sagrada Comunión. A través de todo, Dios me mostró que había estado escuchando nuestras oraciones a lo largo de los años y que nunca nos había dejado.

Escribo todo esto para alentarlos, sin importar dónde se encuentren en su unidad espiritual como pareja. Si su matrimonio ha sido consagrado a Cristo, ya están unidos en el Espíritu por su sacramento. Si su matrimonio u hogar no ha sido bendecido, los animo a que lo hagan lo más rápido posible. Y comiencen a orar inmediatamente por su matrimonio.

Ya sea que tu cónyuge desee o no orar contigo, aún puedes orar por tu relación. Al acercarte a tu cónyuge, te animo a que procedas con amabilidad e invítalo sin coerción ni presión. Al principio cometí el error de pensar que podría convencer a Margie de que orara y adorara conmigo antes de que estuviera lista. El culto y la oración son experiencias muy íntimas y deben participar libremente. Así que acérquense a *orar juntos* con gran reverencia y respeto mutuo.

Orar juntos

Incluso cuando nos damos cuenta de la necesidad de orar juntos como pareja, muchos de nosotros no estamos seguros de cómo hacerlo. Podemos tener inseguridades y ansiedades acerca de orar en voz alta. Es posible que ni siquiera sepamos qué decir o cómo decirlo. Incluso podemos preguntarnos si nuestras oraciones están siendo escuchadas. Pero es un alivio saber que no tenemos que depender de nosotros mismos para aprender a orar. Las Escrituras nos aseguran que el Espíritu Santo vive en nosotros y ya está intercediendo por nosotros en nuestras debilidades (Rom 8:26). Jesús mismo también ora por nosotros (Jn 17; Rom 8:34). Podemos estar seguros de que está orando por nuestra unidad espiritual, porque este fue el centro de su oración personal por todos nosotros en el cenáculo antes de su Crucifixión: "Ruego . . . [que] *todos sean uno, como tú, Padre, estás en mí y yo en ti* . . . Así alcanzarán la *perfección en la unidad*" (Jn 17,20–23, énfasis añadido).

La oración de Jesús revela su anhelo, como Esposo nuestro, de unidad espiritual con nosotros. También revela su deseo e intención de nuestra unidad espiritual entre nosotros. No dejará de orar hasta que esta intención se realice plenamente. Él desea nuestra unidad espiritual para que podamos estar profundamente realizados y convertirnos en un testimonio vibrante de su amor por todos los que nos rodean. Nos invita a orar con él por estas mismas intenciones. Confía en que tus oraciones serán escuchadas, porque el Padre desea su cumplimiento aún más que tú.

Cuando no estamos seguros de cómo orar, Jesús nos enseñará, tal como lo hizo con sus discípulos antes que nosotros (ver Lc 11,1–13). Les enseñó una forma de orar que se ha transmitido a cada generación de creyentes. Se ha convertido en la oración más común de la Iglesia: el Padrenuestro. Mientras rezamos esto individualmente y en comunidad, me he dado cuenta de que es una oración particularmente poderosa para las parejas casadas, porque confronta los diversos obstáculos que impiden la unidad en el matrimonio y ofrece el antídoto para cada uno de estos obstáculos.

Demasiados de nosotros recitamos esta oración sin pensar. Pero Jesús nunca tuvo la intención de que el Padrenuestro fuera una fórmula de oración, para ser repetida mecánicamente[9]. Más bien, es la conversación íntima entre nosotros y nuestro *Padre celestial*, pidiendo su gracia, guía, provisión, sanación y protección. *Siempre es fiel* para responder. Recitada con fe y con un corazón abierto, esta puede ser una oración poderosa y sanadora para tu matrimonio. Te puedo asegurar que mientras oras esta oración con sincera devoción y practicas fielmente estas peticiones en tu matrimonio, el Padre transformará cada aspecto de tu relación.

Al final de este capítulo tendrás la oportunidad de rezar el Padrenuestro juntos (o individualmente) por tu matrimonio. Antes de hacerlo, te invito a meditar sobre el significado de cada petición y considerar cómo cada una se aplica a tu matrimonio. La primera frase de la oración te invita a dirigirte íntimamente a Dios, como tu Padre celestial. El resto de las peticiones son formas de invocar con confianza su cuidado paternal para las necesidades diarias como pareja y dentro de la familia, y para la protección de la oposición espiritual que amenaza con destruir la unidad. Recita cada petición lentamente y con comprensión:

> *Padre nuestro:* Tú y tu cónyuge son hijos amados del Padre. Él es tu *Abba*. Tómate un momento e imagínate a ti y a tu cónyuge descansando juntos en el corazón de Jesús.

ꟹ

que estás en el cielo: El cielo es donde mora Dios. Mientras oran juntos, comprendan que el cielo está en medio de ustedes.

ꟷ

Santificado sea tu nombre: Dios es santo. La oración nos pone en contacto con nuestro deseo como pareja casada de crecer en unión con él y de liberarnos de nuestras impurezas.

ꟷ

Venga tu reino: Invita a su reino "de justicia, de paz y alegría en el Espíritu Santo" (Rom 14:17) a tu relación.

ꟷ

Hágase tu voluntad en la tierra como en el cielo: Deja ir tu control y entrega tu voluntad egocéntrica para buscar la santa voluntad de Dios.

ꟷ

Danos hoy nuestro pan de cada día: Pídele al Padre lo que necesites en tu matrimonio y en tu familia hoy.

ꟷ

Perdona nuestras ofensas, como también nosotros perdonamos a los que nos ofenden: Deja ir la culpa, la vergüenza y el resentimiento, como ustedes se perdonan de corazón.

ꟷ

No nos dejes caer en tentación: Reconoce tus debilidades y tus deseos desordenados y pídele a Dios que transforme estos deseos en sus santos deseos, ya que eres fortalecido para vencer las tentaciones.

ഗ

y líbranos del mal: Nuestra victoria sobre las malas influencias no está en nuestras propias fuerzas sino en Cristo (ver *CIC* 2854).

Habiendo reflexionado sobre las peticiones del Padrenuestro, practiquen la oración juntos. Solo tomará unos minutos. Valdrá la pena la inversión. Pero primero, te invito a tomarte un momento para reflexionar sobre los principales obstáculos para la oración y el culto y cómo combatirlos.

Tómate un momento

1. ¿Están dedicados a orar juntos? ¿Dónde reconoces la apatía y la oposición espiritual en tu oración y adoración, individualmente y como pareja?
2. Repasa la sección sobre la oración en las diferentes partes de la Misa con un enfoque en tu matrimonio. ¿Cuáles son tus pensamientos acerca de rendir culto juntos de esta manera?
3. ¿Qué te llamó la atención mientras rezabas la oración del Padrenuestro?

Actividad para parejas: orar juntos

1. Oren juntos el Padrenuestro muy despacio; consideren el significado de cada petición. Si ustedes están dispuestos, tómense de la mano durante la oración. Mantengan el enfoque en su matrimonio: Padre nuestro . . . que venga tu reino (en nuestro matrimonio), y que se haga tu voluntad (en nuestras vidas) como en el cielo. Danos hoy nuestro pan de cada día (sean específicos en lo que ustedes necesitan). Perdónanos nuestras ofensas, así como nos perdonamos

(perdónense activamente por cualquier área en la que se aferren a resentimientos).

2. Rendir el culto es una expresión de gratitud por todo el bien que Dios nos ha dado. Después de orar el Padrenuestro, túrnense para ofrecer en voz alta una oración de acción de gracias por tu cónyuge. El esposo va primero: Padre celestial, te agradezco por el regalo que mi esposa es para mí y para nuestra familia. Gracias por . . . (nombra áreas específicas de gratitud). Luego, la esposa reza una oración de acción de gracias por su esposo.
3. La bendición es una forma de invocar la presencia de Dios. Túrnense para bendecirse el uno al otro (si ambos están dispuestos, coloca una mano sobre el hombro de tu cónyuge). La esposa dice primero: "Por favor, bendice a (nombre) y llénalo con tu amor. Por favor, dale (cualquier cosa que desees para tu esposo)". Entonces el esposo bendice a la esposa.
4. Cuando recibas a Jesús en la Eucaristía, ora por las necesidades de tu cónyuge y por una mayor capacidad y disposición para amar con el amor de Jesús.
5. Cuando comiencen a experimentar conflictos en su matrimonio, recen juntos el Rosario y renuncien a cualquier pensamiento desamoroso en la oración.

4

DE CORAZÓN A CORAZÓN: LA INTIMIDAD EMOCIONAL

Nadie aborrece su cuerpo; al contrario, lo alimenta y lo cuida.

—Efesios 5:29

¿Recuerdas las conversaciones íntimas que ustedes tenían antes de casarse? Confío en que tuvieras algo, de lo contrario probablemente no te habrías enamorado y decidido casarte en primer lugar. Cuando pienso en el comienzo de mi relación con Margie, me lleva al tiempo antes de que fuéramos novios. Éramos buenos amigos, sin ningún interés romántico el uno por el otro en ese momento. Todo comenzó cuando Margie, un año mayor que yo y estudiante del último año de secundaria, se ofreció a llevarme a la escuela todos los días. Ella tenía una licencia de conducir y un coche. Yo no tenía ninguno.

En los meses que siguieron, mientras íbamos y volvíamos juntos a la escuela, nuestras conversaciones abarcaron muchas áreas de nuestras vidas a medida que nos conocíamos íntimamente. Nos sentimos cómodos y a gusto en la presencia del otro. Hablaríamos libre y personalmente entre nosotros. Con el tiempo nuestra amistad creció, y con ella nuestro amor y respeto mutuo, aunque nunca imaginé que estas conversaciones nos llevarían algún día al matrimonio. El día de su graduación de la escuela secundaria fue cuando me di cuenta de que mis sentimientos por Margie iban más allá de la amistad. Cuando me despedí de ella en la graduación, no podía soportar la idea de no volver a verla nunca más. Al día siguiente, en una fiesta de graduación, ambos nos dimos cuenta de cuánto habíamos llegado a amarnos. Dentro de tres semanas, supe que ella era la persona con quien quería pasar el resto de mi vida. Esa certeza surgió a través de horas de conversaciones íntimas, noche tras noche, sentados en los escalones de la entrada de su casa. El tiempo parecía pasar muy rápido. Después de horas de conversación, de mala gana decíamos buenas noches alrededor de la medianoche (su toque de queda), solo para comenzar de nuevo la noche siguiente. Me maravillo que durante esa temporada nunca nos quedamos sin cosas para compartir entre nosotros. Era la primavera de nuestro amor, con toda la belleza y dulzura que acompaña al florecimiento de la intimidad emocional.

No hay nada como ese sentimiento de enamorarse y sentirse profundamente conectado con tu amado. Confiando en que serás recibido y apreciado, puedes compartir casi cualquier cosa y todo. Esas conversaciones son a menudo profundamente nutritivas para nuestras respectivas almas. Se suman a nuestros sentimientos de seguridad en la relación y nos llenan de una alegría indescriptible. Pensando en ese momento de nuestra relación, sonrío con gratitud y recuerdo la atracción apasionada que sentíamos. Queríamos expresar nuestro amor con todo nuestro ser, cuerpo y alma.

En los últimos años de matrimonio, puede haber un tipo de conexión similar y, a menudo, incluso más profunda. Podemos extrañar la intensidad de la pasión juvenil y la alegría de descubrir cosas nuevas el uno del otro. Pero en su lugar, tenemos un profundo conocimiento y apreciación de todos los días que pasamos juntos y todas las formas en que nuestras vidas se han entrelazado. Reconciliándose después de un doloroso tiempo de desconexión, la intimidad puede ser aún mayor. El último vino (del amor maduro) puede ser incluso más dulce que el primer vino del enamoramiento. La intimidad madura está envejecida y sazonada por toda la historia que se ha compartido como pareja a lo largo de los años. Con una intimidad madura, la comunicación puede ocurrir sin muchas palabras.

La intimidad no verbal

Una experiencia con Margie unas semanas antes de su muerte destaca en mi memoria como una de esas conversaciones íntimas sin muchas palabras. Cuando Margie se despertó esa mañana en particular, ya no podía hablar coherentemente. De algún modo, de la noche a la mañana había perdido la capacidad de articular sus pensamientos. Por mucho que traté de escuchar atentamente lo que ella estaba tratando de decir, no pude descifrar sus palabras confusas. Sentí una sensación de pánico crecer dentro de mí, al darme cuenta de que ella no podría decirme lo que necesitaba y que yo no podría ayudarla. Con la misma rapidez, mi pánico se convirtió en sentimientos de profundo dolor, anticipando la pérdida de conexión emocional que esto seguramente traería.

Mientras estos pensamientos y sentimientos ansiosos pasaban por mi mente, todavía me esforzaba por entender lo que Margie estaba tratando de articular. Pero luego mi corazón se calmó, mientras me miraba con amor y logró formar unas pocas palabras coherentes: "Realmente aprecio que te preocupes por mí" (solo escribir esto ahora me hace llorar nuevamente). Esas pocas palabras resultaron ser las últimas que escucharía decir a Margie. Después de eso, perdió por completo su capacidad de expresarse verbalmente. Me entristecí profundamente, tanto por nosotros como por nuestra familia.

En esos momentos de comprensión, mi dolor se convirtió en remordimiento por todos los años perdidos de desconexión, cuando no nos habíamos nutrido y apreciado tanto como podíamos. Pensé en las muchas ocasiones en que tuvimos la capacidad de comunicarnos entre nosotros, pero en lugar de eso desperdicié la oportunidad. Conté los miles de pequeños momentos que habíamos desperdiciado discutiendo, estando distantes, sin escuchar con atención o sin atender realmente las necesidades o los sentimientos del otro. Ahora era demasiado tarde para recuperar alguno de esos momentos. A veces no apreciamos a alguien lo suficiente hasta que perdemos nuestra capacidad de conectarnos con ellos.

Más tarde esa mañana, mientras oraba, sentí que el Espíritu Santo me hablaba al corazón y me decía: "Aún puedes comunicarte a través de tu mirada y tu tacto". Aunque reconfortado por el pensamiento, seguí sintiendo una pena intensa por la pérdida de nuestra conexión emocional. También me preocupé al contemplar cuán indefensa y sola se sentiría Margie con su incapacidad para expresar sus necesidades.

Esa misma tarde, mi hermana Kathy, quien trabajó con Margie como enfermera durante más de veinte años, llamó para ver cómo estábamos. Compartí con ella lo que había sucedido esa mañana y mi pena por la pérdida de Margie de su capacidad para hablar. Sin que yo le dijera lo que había recibido en oración esa mañana, Kathy confirmó el mensaje. Hablando desde su experiencia como enfermera, me aseguró que todavía podíamos comunicarnos a través de nuestro tacto y nuestra mirada. Con su confirmación, supe que Dios estaba hablando directamente a mi corazón y animándome a continuar confiando en su presencia y amando a Margie lo mejor que podía en esta difícil situación.

Las palabras de aliento de Kathy demostraron ser un tremendo consuelo para mí en mi momento de desolación. Me sorprendió cuánto amor y conexión emocional experimentamos Margie y yo en las semanas restantes, sin que ella tuviera la capacidad de expresarse verbalmente. De alguna manera, la conexión emocional fue aún más profunda.

Conectarse emocionalmente

¿Has notado que cuando te sientes conectado emocionalmente con tu cónyuge, todo lo demás en la vida se ve más brillante y se siente más ligero? Afrontas tu día con un rebote añadido a tu paso. Te sientes más vivo y alegre. Cuando eres amado y apreciado de esta manera, también tienes un mayor deseo de nutrir a tu compañero. A medida que crece la confianza, te sientes más seguro y, por lo tanto, puedes expresar tus necesidades con mayor apertura y vulnerabilidad. Cuando sabes que tu cónyuge está escuchando atentamente y está sintonizado contigo emocionalmente, estás más inclinado a compartir tus pensamientos, tus sentimientos y tus deseos íntimos, confiando en que serás recibido con amabilidad y compasión. Durante estos tiempos de intimidad emocional, la comunicación fluye espontáneamente. Ustedes disfrutan estar en compañía del otro y se extrañan cuando están separados por cualquier motivo.

¿No sería genial si el matrimonio fuera así todo el tiempo? Según el doctor Gregory Popcak, un pequeño número de parejas casadas experimentan este nivel de intimidad la mayor parte del tiempo. En este *excepcional 7 por ciento* de las parejas casadas, los esposos y esposas mantienen un alto nivel de empatía emocional. A pesar de los desafíos diarios de la vida, permanecen conectados emocionalmente mientras se honran y se nutren mutuamente de manera constante. Están bien equipados para resolver conflictos y perdonar heridas rápidamente, sin permitir que se acumulen resentimientos y creen una distancia entre ellos. Conscientes de las formas únicas de dar y recibir amor de su cónyuge, pueden escuchar bien y atender las necesidades del otro. En general, estas parejas mantienen un alto nivel de intimidad en el día a día y durante todos los años de su matrimonio[1].

Si esto describe tu matrimonio, considérate sumamente bendecido. Las investigaciones han demostrado que los esposos y esposas que experimentan un alto nivel de conexión emocional entre sí son psicológica, física y espiritualmente más saludables que aquellos que no lo hacen. Eso es porque la alegría y la felicidad son la mejor medicina para nuestros cuerpos y almas (ver Prv 17:22; Neh 8:10). Cuando nos sentimos nutridos por nuestro cónyuge, nuestros corazones permanecen abiertos y nuestra conexión con Dios, y con los demás, mejora. Tenemos más capacidad de dar amor a todos los que conocemos. Además, las parejas que están conectadas emocionalmente experimentan una mayor fidelidad, estabilidad y satisfacción dentro de su matrimonio. También demuestran un mayor deseo y energía por el compañerismo y la intimidad sexual, lo que crea un clima para cultivar la confianza y la apertura. Estos beneficios se extienden a toda la familia[2].

¿No es este el tipo de relación que todos deseamos en el matrimonio? Pero no todos experimentan este lado alegre del matrimonio con regularidad. Muchos de nosotros debemos superar importantes barreras que dificultan nuestra capacidad de intimidad emocional.

Las barreras a la intimidad emocional

Lamentablemente, muchas parejas casadas luchan cuando se trata de mantener altos niveles de intimidad emocional. Las heridas emocionales no sanadas y los resentimientos (de heridas pasadas y presentes) crean barreras que dificultan la confianza y la vulnerabilidad mutua. Algunas parejas soportan años de matrimonio como este, con poca o ninguna conexión emocional para nutrirlos. Otros prueban la conexión emocional de vez en cuando, pero les resulta difícil mantenerla con el tiempo. Tras intentos infructuosos, algunos se conforman con una cómoda distancia y se resignan a una convivencia mediocre.

Si tu matrimonio se ajusta a esta descripción, donde hay poca o ninguna intimidad emocional, simpatizo contigo, porque la falta de crianza en el matrimonio puede ser crónicamente dolorosa y aturdidora. También es malo para tu salud física, emocional y espiritual. Margie y yo experimentamos desconexión emocional en varios momentos a lo largo de nuestro matrimonio, y he escuchado de primera mano de muchas parejas en terapia sobre la intensa soledad que surge de períodos prolongados de desconexión emocional.

Cuando falta la intimidad emocional en el matrimonio, todo lo demás se ve afectado negativamente. Las consecuencias pueden ser graves. Los estudios han encontrado que, con el tiempo, una falta constante de cercanía emocional se correlaciona con la insatisfacción marital; tasas más altas de ansiedad y depresión; un riesgo mucho mayor de adicción, infidelidad y divorcio; y un aumento significativo de enfermedades físicas y psicológicas[3]. Estas consecuencias no solo son devastadoras para la pareja casada, sino también para sus hijos y la familia extendida.

Si esta es la realidad en tu matrimonio, puedes sentirte tentado a darte por vencido, como lo estuve yo cuando Margie y yo atravesamos nuestra temporada más difícil de desconexión. Entiendo lo difícil que puede ser esto y siento compasión por los dos. Al mismo tiempo, quiero animarte a mantener el rumbo. Vale la pena. Las cosas pueden cambiar y sí cambian cuando te dedicas a crecer en tu capacidad de amar, sin exigir un retorno inmediato. Esta es la naturaleza del verdadero amor que se prometen al principio. El amor genuino "perdura a pesar de todo, lo cree todo, lo espera todo y lo soporta todo. El amor nunca pasará" (1 Cor 13,7–8). Permanece fiel a tus votos y continúa orando, pidiéndole a Dios que sane tu matrimonio. Puedo atestiguar, desde mi propia experiencia y acompañando a cientos de matrimonios en su proceso de sanación a lo largo de los años, que el amor genuino "nunca pasará". De hecho, es lo único que produce la transformación en nuestra vida personal y dentro del matrimonio.

He sido testigo de cómo muchas parejas que habían estado atrapadas en una desconexión crónica descubren una hermosa y nueva intimidad entre ellos. No puedo contar la cantidad de parejas casadas que me dijeron después de meses y, a veces, años de terapia: "Yo nunca podría imaginar que pudiéramos amarnos así y sentirnos tan unidos después de todos esos años de sentirnos tan solos".

Muchas de estas mismas parejas informaron que se sintieron cercanas durante una temporada al principio de su relación (citas, noviazgo y matrimonio temprano), pero tarde o temprano comenzaron a distanciarse. Corriendo contra barreras aparentemente impenetrables para la intimidad, eventualmente se cerrarían emocionalmente el uno con el otro. Algunos continuaron perseverando fielmente, mientras que otros desviaron el enfoque de su matrimonio para encontrar la realización en su trabajo, los hijos, la recreación o las actividades religiosas. Un número encontró sustitutos conyugales en la infidelidad emocional o sexual. Otros adormecieron el dolor con adicciones, como la comida, el alcohol, las drogas o la pornografía (todas estas formas de hacer frente son violaciones de la promesa de ser fiel). Como resultado, el dolor y la soledad originales se agravaron exponencialmente.

La mayoría de estas parejas no se dieron cuenta completamente de lo que estaba sucediendo. Sin saber cómo llegaron allí, se encontraron en un estado de desolación emocional. Pero una vez que comenzamos a explorar su dinámica marital en la terapia, los problemas se enfocaron claramente. Surgió un patrón consistente. Cada una de estas parejas trajo heridas emocionales no resueltas y áreas de pecado no confesadas de su pasado. Estos inevitablemente se trasladaron a su relación actual. Cuando surgieron conflictos entre ellos, sus heridas no resueltas crearon barreras defensivas que bloquearon su capacidad para comunicarse de manera efectiva. La mayoría de estas parejas desconocían el origen de sus heridas. Además, permanecieron cegados a las raíces más profundas de amargura que habían endurecido sus corazones en la falta de perdón, contaminando a su cónyuge y a muchos otros a su alrededor (ver Heb 12:15).

Después de intentos fallidos de resolver los problemas directamente con su cónyuge, a menudo se sentían frustrados y enojados cuando su dolor no se calmaba ni se entendía. Culparon a su cónyuge por su sufrimiento y exigieron (implícita o explícitamente) que su cónyuge cambiara para satisfacer sus necesidades. Estas tácticas rara vez dieron como resultado una mayor intimidad emocional. En cambio, crearon más desconexión y dieron como resultado juicios aún más negativos sobre el carácter del otro.

A medida que estos pensamientos y sentimientos negativos coloreaban las percepciones generales de su cónyuge, perdían la esperanza (y el deseo) de intimidad. Con frecuencia, los nuevos intentos de comunicación se encontrarían con respuestas defensivas. Ambos compañeros eventualmente retiraron sus corazones en autoprotección. Entendí bien esta dinámica debido a mi propia experiencia en el matrimonio. Según el doctor John Gottman, estos patrones están presentes hasta cierto punto en todas las relaciones matrimoniales, pero se vuelven predominantes en los matrimonios con problemas[4]. ¿Reconoces este patrón en tu matrimonio de alguna manera?

Si este tipo de danza marital le resulta familiar, no significa que tengas un mal matrimonio o que tu matrimonio no tenga esperanza. Tal vez tu matrimonio se encuentre en algún punto intermedio entre los dos extremos (de conexión emocional profunda y divorcio emocional). La mayoría de las parejas tienen momentos de buena conexión emocional y momentos de aislamiento y soledad en los que falta intimidad. Tomemos un momento para reflexionar sobre cómo experimentas la intimidad emocional en tu relación.

Tómate un momento

1. Describe una experiencia en tu noviazgo o matrimonio donde te sentiste nutrido y apreciado. ¿Qué contribuyó a la cercanía que sentiste?

2. ¿Qué barreras se han interpuesto en el camino de tu intimidad emocional con tu cónyuge?
3. ¿Cómo ha ido y venido la intimidad emocional durante los meses y años de tu matrimonio?

Las temporadas del matrimonio

Recientemente, mientras reflexionaba sobre mi relación con Margie, *The 4 Seasons of Marriage* [Las 4 temporadas del matrimonio] de Gary Chapman me ayudó a obtener una mejor comprensión de estas diferentes temporadas de conexión y desconexión a lo largo de nuestro matrimonio. El libro proporciona información sobre el flujo y reflujo de la intimidad emocional a lo largo del ciclo de vida de la mayoría de los matrimonios.

Todo tiene su tiempo: "Tiempo para plantar, y tiempo para arrancar la planta . . . tiempo para demoler y tiempo para edificar; tiempo para llorar y tiempo para reír" (Ecl 3,2–4). En la naturaleza, tanto la siembra como el arranque son esenciales para un crecimiento vigoroso. Chapman sostiene que los matrimonios también pasan por diferentes temporadas, desde la "inquietud del otoño o la alienación y el frío del invierno, hasta la esperanza de la primavera o el calor y la cercanía del verano"[5].

Si bien experimentamos estas temporadas del matrimonio de manera muy diferente, todas tienen un tiempo y un propósito. La primavera y el verano de nuestras relaciones son tiempos para plantar, edificar y cosechar con gozo. Durante estas temporadas, las parejas prosperan con un alto nivel de conexión emocional. En contraste, las temporadas del otoño y del invierno del matrimonio a menudo están marcadas por tiempos de desarraigo, demolición y llanto por nuestra esterilidad. Experimentamos menos conexión emocional con nuestro cónyuge durante estas temporadas oscuras y frías. Pero a veces Dios hace su mejor trabajo a través de estas temporadas difíciles del matrimonio.

Empecé a leer *The 4 Seasons of Marriage* unos seis meses después de la muerte de Margie. Antes de comenzar, había estado repasando viejas cartas y tarjetas que Margie y yo nos habíamos escrito a lo largo de los años. Empezamos a escribir cartas cuando salíamos a larga distancia, mientras yo estaba en la universidad y Margie se quedaba en casa asistiendo a la escuela de enfermería. No podíamos darnos el lujo de llamar más de dos veces por semana, por lo que descubrimos que las cartas eran una buena manera de mantener nuestra comunicación (esto fue mucho antes de que se inventaran los teléfonos celulares y los correos electrónicos). Incluso después de casarnos, continuamos escribiéndonos en ocasiones especiales. Esto fue especialmente cierto durante algunos de los momentos difíciles de nuestro matrimonio, cuando teníamos problemas para comunicarnos entre nosotros. Ambos aprendimos que podíamos expresarnos mejor por escrito.

Mientras releía las cartas que ambos habíamos escrito durante nuestra primavera de noviazgo, recordé cuánto estábamos enamorados y cómo se sentía mirar hacia nuestro futuro con esperanza. Por el contrario, las cartas escritas durante la época más difícil y dolorosa de nuestro matrimonio transmitían una perspectiva muy diferente: ambos luchábamos por aferrarnos a la esperanza. Durante esta temporada invernal, Margie y yo nos estábamos distanciando y sintiéndonos desconectados. Tuvimos dificultades para escuchar las necesidades de los demás debido a nuestro propio dolor y ensimismamiento.

Casi cada vez que tratábamos de comunicarnos sobre nuestros problemas, volvíamos a provocar las heridas del otro. Como a ninguno de los dos le gustaban los conflictos, retrocedíamos cuando las cosas se volvían demasiado intensas. Lo intentaríamos de nuevo, solo para encontrarnos con las mismas barreras. Parecía que cuanto más hablábamos peor se ponían las cosas. Los resentimientos crecieron entre nosotros. Nos culpamos y juzgamos el uno al otro por nuestro dolor. Aunque antes y después de este tiempo ambos teníamos un fuerte compromiso con nuestro matrimonio, la tentación de divorciarnos vino a menudo a nuestras mentes durante esta temporada como una forma de escapar de la impotencia y la desconexión que sentíamos (quizás puedas relacionarte con un momento similar en tu matrimonio).

Durante esta temporada del otoño y del invierno, de mala gana buscamos terapia marital. Pero inicialmente, la terapia pareció empeorar las cosas. Compartimos nuestro dolor y enojo no resuelto con el terapeuta y entre nosotros, pero no nos ayudó a conectarnos emocionalmente. Ninguno de nosotros podía escuchar el sufrimiento del otro con compasión. Estábamos demasiado envueltos en nuestro propio dolor y percepciones distorsionadas. En un momento, nuestro terapeuta recomendó que nos separáramos, pero ninguno de los dos quería hacer eso. En cambio, tratamos de escribirnos cartas, tratando de compartir lo que sentíamos y lo que necesitábamos. Estas fueron algunas de las cartas que encontré cuando recibí el libro de Chapman.

Releer estas cartas a la luz de las descripciones de Chapman de las cuatro temporadas del matrimonio me abrió los ojos de una manera completamente nueva. Me entristeció darme cuenta de cuánto había malinterpretado las intenciones de Margie durante ese tiempo. Ahora podía sentir su dolor y sentir su amor en las cartas de una manera que no podía en el momento en que fueron escritas (treinta años antes). Sentí una nueva compasión por ella y por mí mismo, ya que vi y entendí más claramente que ambos necesitábamos ser amados, pero cada uno de nosotros se sintió rechazado e incomprendido. Durante estos días invernales más oscuros, cuestioné seriamente mi amor por Margie y su amor por mí. Pero después de leer estas cartas, pude ver y sentir cuánto la amaba de verdad y cuánto me amaba ella de verdad, a pesar de nuestro dolor.

En el momento en que se escribieron estas cartas, no me di cuenta de que Dios estaba haciendo una de sus mejores obras en nuestros corazones. Pero cuando volví a leer las cartas, comencé a percibir la situación de manera diferente. Pude ver cómo Dios estaba arrancando las raíces muertas y amargas de nuestros corazones, que habían brotado de nuestros pecados y heridas acumulados. Muchas de estas raíces amargas se habían plantado mucho antes de nuestro matrimonio, pero estaban entrando en vigor en esa época. Finalmente pude ver que esta temporada invernal, dolorosa y solitaria de nuestro matrimonio tenía un *propósito divino*. Nos estábamos preparando para una nueva primavera de amor que aún estaba a unos años de distancia.

Nueva primavera

El desarraigo y el llanto de esta difícil temporada invernal de nuestro matrimonio eventualmente se convirtieron en las semillas de una nueva primavera de amor entre nosotros. Esta temporada del invierno me hizo tener hambre de Dios, lo que a su vez cambió mi corazón hacia Margie. Cuando lo llamé desesperado, él respondió a mi clamor con un poderoso encuentro con el Espíritu Santo que cambió mi vida y una visión renovada para nuestro matrimonio. Mi transformación se produjo progresivamente durante muchos meses. A medida que la primavera de nuestro amor se hizo más evidente, sentí un nuevo amor por Margie y pude abrazarla cálida y tiernamente. Esta vez, mi llanto tuvo una calidad diferente. Mis lágrimas eran de alegría, expresando gratitud por las oraciones contestadas y el amor restaurado. Llegué a creer realmente "que Dios dispone todas las cosas para bien de los que lo aman" (Rom 8:28), incluso en las temporadas del otoño y del invierno de nuestros matrimonios, cuando todo se ve y se siente estéril.

Mi objetivo al compartir esto es brindarte esperanza durante cualquier temporada del otoño o del invierno de tu matrimonio, ya sean períodos breves o prolongados. Cuando estés en el invierno, sintiéndote solo y desolado, recuerda que se acerca la primavera. Es posible que primero tengas que desarraigar y derribar algo. También puede haber algunos lugares congelados en tu corazón y en el de tu cónyuge que necesitan derretirse. Pero confía en que el hielo del invierno puede convertirse en lágrimas de la primavera, que ablandarán la tierra del corazón para una nueva primavera de amor.

Sin Dios y sin dedicarse el uno al otro con amor, muchas parejas se tambalean durante este tiempo de prueba. Abrumados por la soledad y la amargura, pierden la esperanza de tener una conexión emocional y en cambio se distraen con las responsabilidades de los niños o del trabajo. Algunos se involucran en aventuras (emocionales y sexuales) o eligen divorciarse en lugar de atravesar su dolor y arrepentirse de sus pecados. Mantente alerta. Es demasiado fácil durante esta temporada dolorosa endurecer tu corazón y concluir, como lo hice yo, que ya no estás enamorado.

Te insto, cuando enfrentes las temporadas del otoño y del invierno en tu matrimonio, grandes o pequeñas, a que te aferres, arranques las raíces amargas y dejes que tus lágrimas ablanden el suelo del corazón. Si estás dispuesto a hacer el trabajo duro en esta temporada, seguramente llegará la primavera, y con ella una nueva esperanza y anticipación. Durante la primavera del amor, ustedes dejarán de lado la amargura y los juicios y aprenderán nuevas formas de nutrirse y apreciarse mutuamente.

El camino hacia la intimidad emocional pasa por aprender a escuchar atentamente tus propias emociones, así como las de tu cónyuge. Esto es crítico, porque tus emociones expresan las condiciones del corazón. De una forma u otra, son ecos del amor.

Los ecos del amor

Si se toman el tiempo de escuchar atentamente sus conversaciones íntimas, tanto las buenas como las malas, ustedes pueden escuchar los ecos del amor a través de todos los deseos y emociones que se expresan el uno al otro. Esta es la percepción que recibí al releer las cartas que Margie y yo nos escribimos durante nuestra temporada más difícil.

Según santo Tomás de Aquino, todas nuestras "pasiones" están naturalmente ordenadas hacia el amor[6]. Algunas emociones revelan la presencia del amor. Otros revelan su ausencia. Lo que normalmente consideramos emociones "positivas" son indicadores de que el amor está presente. Por el contrario, las emociones que etiquetamos como "negativas" son revelaciones sobre la ausencia de amor o amenazas a nuestra seguridad de ser amados.

Piensa en cómo se aplica esto en tu matrimonio. La alegría y la felicidad son expresiones naturales cuando te sientes realizado en el amor; el dolor es lo que sientes cada vez que experimentas la pérdida de un amor. La paz es la respuesta emocional natural cuando te sientes amado con seguridad; el miedo y la ansiedad surgen cuando te sientes inseguro porque el amor está amenazado; la ira se agita cuando hay una injusticia contra el amor; la compasión se despierta cuando comprendes el dolor que subyace a tu propio comportamiento y al de tu cónyuge. La esperanza surge cuando tu deseo de amor parece posible, mientras la desesperación y la desesperanza se asientan en tu corazón cuando la posibilidad del amor parece fuera de tu alcance.

Dios nos creó con la capacidad de experimentar la gama completa de estas emociones. Cada uno de nosotros puede sentir cada emoción en cualquier momento, aunque algunos somos más conscientes de lo que sentimos y otros menos. Si te detienes a escuchar atentamente tus emociones y las de tu cónyuge, te revelarán el estado de tu corazón. También te darán una idea del clima general de tu relación y en qué época puede estar. Una vez que comiences a reconocer lo que está sucediendo dentro de ti, puedes estar más en sintonía con las emociones de tu cónyuge. Eso te permitirá compartir tus emociones de manera constructiva con tu cónyuge y escuchar con más compasión lo que está experimentando con respecto a la satisfacción de sus necesidades.

En un matrimonio saludable, las parejas han construido suficiente confianza mutua para permitirles expresar emociones tanto positivas como negativas con vulnerabilidad y fortaleza. Tienen la libertad emocional para expresar ira y gratitud, tristeza y alegría. Pero lo hacen con respeto, de una manera que honra a su cónyuge y busca la comunión de los corazones. Pueden escucharse y empatizar entre ellos mientras mantienen límites saludables. Asimismo, pueden enfrentar el conflicto y crecer a partir de él[7]. En los matrimonios con problemas, por el contrario, las emociones positivas y negativas se sofocan y suprimen o se expresan como una escopeta que dispara a todo lo que está a la vista sin tener en cuenta el daño. A medida que las parejas se involucran en estos patrones destructivos de interacción, la confianza disminuye y la comunicación saludable inevitablemente se rompe[8].

Por estas razones, Santiago advierte: "Sean prontos para escuchar, pero lentos para hablar y enojarse" (Sant 1:19). Es bueno ser consciente cuando estamos enojados, pero exteriorizar agresivamente nuestro enojo o evitarlo pasivamente son síntomas de problemas más profundos sin resolver en nuestros corazones. Ninguna forma de manejar la ira conduce a construir intimidad en el matrimonio. Cuando gritamos o retiramos nuestros afectos, disminuimos la confianza y perdemos la conexión emocional. Esto se puede contrarrestar escuchando atentamente las necesidades y los dolores de nuestro ser querido, ya que detrás de la mayoría de los enfados hay un dolor no resuelto que debe expresarse. Cuando compartimos nuestras experiencias internas de dolor de manera vulnerable sin culpa ni condena, ayuda a la comprensión mutua y puede facilitar la sanación.

Cuando no lidiamos con nuestro dolor de manera constructiva, podemos caer con demasiada facilidad en la depresión o la autocompasión.

Retirarse física y emocionalmente como un animal herido que se retira al bosque hace poco para generar una cercanía emocional en el matrimonio. La intimidad requiere que le dejemos saber a nuestro cónyuge lo que está pasando dentro de nosotros. La palabra *intimidad* significa literalmente "dentro del miedo". La intimidad suele implicar cierto nivel de riesgo y vulnerabilidad saludable. Por el contrario, cuando no enfrentamos constructivamente nuestros miedos, terminamos enterrándolos o actuando. Una de las principales formas en que hacemos esto es controlando aquellas situaciones que nos amenazan más. Terminamos coaccionando a nuestro cónyuge en lugar de comunicar realmente lo que sucede dentro de nosotros, como lo hice durante las primeras etapas de mi matrimonio. Esto hace poco para construir la intimidad emocional o la confianza.

Compartir experiencias internas de manera vulnerable en una atmósfera de respeto y confianza es una forma de entregarse el uno al otro todos los días. Es la mejor manera de cultivar la intimidad emocional. De estas conversaciones íntimas, la alegría es la emoción que surge naturalmente. Cultivar la intimidad emocional es la manera de plantar las semillas de una nueva y alegre primavera de amor. Las siguientes preguntas de reflexión y la actividad para parejas están diseñados para mejorar tu comprensión de la intimidad emocional, así como tu capacidad para compartir la alegría.

Tómate un momento

1. ¿En cuál de las cuatro temporadas del matrimonio dirías que te encuentras actualmente? ¿Qué emociones estás sintiendo más durante esta temporada?
2. ¿Qué emociones tienes mayor dificultad para expresarle a tu cónyuge? ¿Qué (interna y externamente) hace que sea difícil ser vulnerable?
3. ¿Qué podría hacer tu cónyuge para ayudarte a sentirte más seguro emocionalmente?

Actividad para parejas: compartir historias de alegría

Túrnense para compartir una experiencia en la que ustedes sintieron alegría en las últimas veinticuatro horas (debido a una experiencia de amor, logro o buenas noticias).

1. Instrucciones para la esposa: Comparte una "experiencia de gozo" con tu esposo, alguna situación o interacción que te llenó de gozo. Comparte tus emociones con declaraciones en "yo" con el objetivo de invitar a tu esposo a comprender tu experiencia para que pueda participar en tu alegría. Usa palabras de sentimiento para describir la experiencia. Cuando hayas terminado de compartir y él responda, conviértete en el oyente mientras él comparte una experiencia alegre contigo (consulta las instrucciones para el esposo sobre cómo escuchar).
2. Instrucciones para el esposo: Al asumir el papel de oyente, pon atención y mantente en sintonía con los sentimientos y las expresiones faciales de tu esposa. Permítete entrar en su alegría emocionalmente. Permanece en silencio hasta que ella termine de compartir; luego dile lo que escuchaste y viste en sus expresiones. Después de que ella termine de compartir, comparte una experiencia propia en la que sentiste alegría (consulta las instrucciones para la esposa sobre cómo compartirlo).

5

MANO A MANO: EL COMPAÑERISMO DIARIO

No es bueno que el hombre esté solo, voy a hacerle una auxiliar a su semejanza.

—Génesis 2:18

Antes de que apareciera Eva, Adán existía en un estado de unión con Dios, al que san Juan Pablo II se refirió como "soledad original"[1]. Pero a pesar de toda la belleza y maravilla de su intimidad con su Creador, aun faltaba algo esencial en él su experiencia del paraíso. Adán estaba sin una relación humana. Necesitaba una compañera adecuada, una colaboradora en el jardín, pero más importante, una *compañera para su vida diaria*. Reconociendo este vacío, Dios remedió la situación creando a Eva. Viniendo del costado de Adán, ella se convertiría en el deleite de su vida, como lo demuestra su exclamación: "Esta sí es hueso de mis huesos y carne de mi carne" (Gn 2:23).

La respuesta exuberante de Adán al saludar a Eva por primera vez se ha repetido a lo largo de los siglos. Cada uno de nosotros comparte el deleite de Adán cuando descubrimos a ese ser especial que será nuestro compañero de por vida. Recuerdo vívidamente la emoción que Margie y yo compartimos a medida que se acercaba el día de nuestra boda, al darnos cuenta de que nuestro tiempo de separación (y relación a larga distancia) pronto terminaría. Imaginamos las alegrías simples del día a día de poder dormir juntos en la misma cama, despertarnos en la misma casa y compartir comidas juntos en la misma mesa todos los días. Podíamos hablar entre nosotros en cualquier momento que quisiéramos, apoyarnos en tiempos difíciles, expresar afecto libremente en cualquier momento que quisiéramos y sentarnos uno al lado del otro simplemente disfrutando de la compañía del otro. Nunca más tuvimos que estar separados (o eso creíamos).

Una vez casados, apreciamos este tiempo juntos, pero como muchas parejas, cuando la novedad de pasar tiempo juntos perdió parte de su brillo, comenzamos a dar por sentado el regalo de la compañía del otro. No apreciamos completamente la inmensa bendición que era tener "una auxiliar" que nos acompañara en las buenas y en las malas, en la salud y en la enfermedad, hasta el final.

Al final de la vida de Margie, me di cuenta una vez más del tremendo regalo que había sido la compañía de Margie a lo largo de nuestro matrimonio. Y considero una de las mayores bendiciones de mi vida haberla podido acompañar en sus últimos meses, semanas y horas en la tierra. En esa temporada final de nuestro matrimonio, Dios redimió los momentos perdidos del pasado. Nos bendijo a nosotros y a nuestra familia con un tiempo de unión intensamente hermoso.

Separación y unión

Cada pareja casada desarrolla su propio ritmo único de compartir la vida juntos, lo que implica honrar sus necesidades individuales de soledad. El compañerismo saludable encuentra un buen equilibrio entre el establecimiento de rituales y rutinas de unión mientras se permiten el tiempo y el espacio para perseguir intereses y actividades por separado. Este equilibrio puede fluctuar según las etapas de la vida matrimonial y las necesidades de cada persona. A lo largo de los años, Margie y yo experimentamos la satisfacción del compañerismo, así como la libertad de perseguir nuestros propios intereses. También conocíamos la soledad de sentirse desconectados y lo que se siente perder el equilibrio y tener muy poca compañía entre nosotros. Durante esas últimas semanas de la vida de Margie, apenas nos separamos, de día o de noche. Tener a nuestros hijos, nietos, familiares y amigos con nosotros gran parte de ese tiempo se sumó a la sensación de conexión que sentimos. Cuando Margie perdió la capacidad de cuidar de sí misma, nuestras hijas, yernos y yo unimos fuerzas para estar a su lado continuamente. Lo asombroso es que no era una carga cuidar de ella, ni era un confinamiento estar confinados en casa. Todos apreciamos el tiempo que pudimos pasar juntos, sabiendo que cada momento era precioso debido a la inminente separación.

Con la pérdida de memoria a corto plazo de Margie debido a su enfermedad, experimentó la vida de un momento a otro. En muchos sentidos, esta "incapacidad" nos dio a todos una mayor capacidad para estar presentes en el momento presente. Esto finalmente se sumó a nuestro sentido de conexión. Pero también tenía un inconveniente, porque Margie normalmente no recordaba lo que había sucedido quince minutos antes. Por ejemplo, cuando uno de nosotros se levantaba para tomar un trago de agua o ir al baño, nos miraba preguntándose a dónde habíamos ido (aunque solo le dijimos a dónde íbamos). Cuando regresamos a la habitación, su rostro se iluminó y decía: "¿Dónde estabas? Te extrañé". Fue dulce y triste a la vez. La dulzura vino de la conexión que sentimos. El dolor de darse cuenta de que no se dio cuenta de que habíamos estado sentados a su lado todo el tiempo.

Un evento de este tipo se destaca porque fue especialmente sanador para mí y también para nuestra hija Kristen, quien en ese momento se había mudado con nosotros para ayudar a cuidar a su madre. El evento ocurrió el Día del Trabajo, tres semanas antes de la eventual muerte de Margie (y una semana antes de que perdiera la capacidad de hablar). Mi hermano Bart me invitó a venir a una parrillada con nuestra familia extendida. Aunque no quería dejar a Margie por mucho tiempo, Kristen me animó a ir y divertirme. Sabiendo que cuidaría bien a su madre y que disfrutarían de un tiempo a solas, decidí ir a la fiesta con el resto de nuestra familia. Margie apoyó que fuera, pero pensé que probablemente olvidaría dónde había estado cuando yo volviera.

Me sorprendió lo mucho que extrañé a Margie en esas pocas horas de separación. Durante otras temporadas del matrimonio, ambos nos sentíamos cómodos estando separados. Pero en esos meses finales, nos habíamos acostumbrado tanto a la presencia del otro que se sentía extraño estar separados. A mi regreso, me sorprendió lo mucho que ella también parecía extrañarme. Me saludó con una alegría exuberante, casi gritando de emoción: "¡Bob, estás en casa!" (era como si me hubiera ido por meses). Tan pronto como pronunció esas palabras de saludo, comenzó a llorar. "¿Dónde estabas? Te extrañé". Cuando extendió sus brazos hacia mí, me acerqué a ella en la silla de ruedas y nos abrazamos tiernamente. Luego comenzó a sollozar incontrolablemente, diciendo: "¿Dónde estabas? Te extrañé".

Kristen y yo quedamos impactados por la intensidad de la respuesta emocional de Margie, y aún más conmovidos por su desenfrenada muestra de afecto. Aunque a menudo expresaba alegría, no era característico que Margie fuera emocionalmente vulnerable al expresar su pena y su dolor. En los momentos posteriores, parecía algo avergonzada por su reacción emocional. Pero para mí, el encuentro fue puro regalo. Después de muchas idas y venidas a lo largo de los años, no recuerdo otro saludo como este. Sentí que ella realmente me extrañaba y estaba genuinamente encantada con mi regreso. Esta interacción me trajo de vuelta al recuerdo de nuestros apasionados reencuentros cuando salíamos a larga distancia antes del matrimonio. En ese entonces sentíamos tanta alegría de estar juntos después de meses de separación. Estábamos muy conscientes de nuestra necesidad de compañerismo entre nosotros.

Nuestra necesidad de compañía

Al igual que Adán, todos fuimos creados con una necesidad innata básica de compañía. Necesitamos saber que pertenecemos y que nuestra presencia es deseada por otro ser humano. Cuando esta necesidad no se satisface adecuadamente dentro del matrimonio, nos volvemos susceptibles de buscar satisfacción fuera del matrimonio[2]. Por el contrario, cuando se satisface nuestra necesidad de compañía, una sensación continua de gozo impregna la relación. La naturaleza del compañerismo puede involucrar una miríada de actividades. Pero los eventos específicos son menos importantes que el conocimiento de que alguien que nos importa desea nuestra compañía y disfruta estar en nuestra presencia. Este sentido de pertenencia alegre es lo que hace que el compañerismo diario sea tan vital para un buen matrimonio.

En comparación con las otras áreas clave de la comunión, el compañerismo a menudo opera bajo el radar porque generalmente se lleva a cabo en las rutinas y rituales normales de la vida diaria. Piensa en todas las pequeñas interacciones que podemos experimentar o no en un día determinado: una sonrisa cálida, un toque cariñoso, un tono de voz relajante, una mirada amorosa, compartir una comida juntos, ver un programa favorito, trabajar juntos en un proyecto, leer un libro en presencia del otro, divertirse y reírse juntos. Todos estos gestos y actividades, y muchos otros en las rutinas de la vida, comunican un mensaje simple pero poderoso: "Disfruto estar contigo".

Muchas veces, estos eventos rituales pueden parecer mundanos, pero sin embargo tienen un impacto poderoso. El psicólogo católico doctor Gregory Popcak señala: "Los rituales nos unen. Son más que simples acciones repetitivas. Tienen la capacidad de liberar poder espiritual para crear comunidad e intimidad. Los rituales de conexión—actividades regulares que permiten a las parejas trabajar, jugar, hablar y orar juntas tanto a diario como semanalmente—tienen un poder increíble para unir a las parejas"[3].

No me di cuenta de cuán poderosas eran estas actividades diarias de conexión hasta que desaparecieron de mi vida. En las primeras semanas posteriores a la muerte de Margie, el mayor sentimiento de extrañarla procedía de vivir estas rutinas normales sin ella. Cuando me acostaba todas las noches y me despertaba todas las mañanas, miraba y esperaba verla acostada a mi lado, tal como lo había hecho durante más de cuarenta años. Cuando me enfrenté a la realidad de que ella ya no estaba físicamente presente y que no lo estaría, sentí como si me hubieran arrancado una parte de mí. Tuve que aceptar el hecho de que mi compañera constante, día y noche, ya no estaba físicamente presente en mi vida.

En su ausencia, me sorprendió descubrir el poderoso alcance de nuestra compañía y cómo se había extendido más allá del espacio físico y la distancia. Me di cuenta de esto mientras viajaba por primera vez aproximadamente un mes después de la muerte de Margie. Cuando llegué a mi destino, instintivamente tomé mi teléfono celular para llamarla, como lo habría hecho normalmente cuando estaba viva. Pero esta vez, cuando comencé a llamar, me detuve abruptamente al darme cuenta de que ella no estaba del otro lado para recibir mi llamada telefónica. Inmediatamente notando el vacío en la boca de mi estómago, liberé una nueva ola de dolor. A mi regreso a casa del mismo viaje, sentí su ausencia una vez más mientras caminaba hacia la casa oscura y solitaria, y nuevamente lamenté su ausencia.

Esas experiencias me ayudaron a darme cuenta de las muchas formas en que daba por sentada nuestra compañía diaria. No era consciente de cuánto significaban esos pequeños momentos de conexión hasta que ya no estaban allí. Ahora tengo una mejor comprensión de cómo la presencia continua y repetida de nuestros seres queridos es lo que nos une. Más que cualquier otra cosa, el compañerismo en el matrimonio es simplemente una cuestión de estar juntos, compartir el tiempo, el espacio y las actividades ordinarias de la vida diaria. Estas actividades diarias normales crean un sentido de pertenencia alegre.

La pertenencia alegre

Cuando el compañerismo saludable está presente en el matrimonio, se crea un ambiente en el que ambos cónyuges se deleitan el uno con el otro, de la misma manera que Adán se deleitaba con Eva. Según los autores de *The Life Model* [El modelo de vida], disfrutar es una necesidad humana central para todos nosotros: "Ser humano y desear la alegría son inseparables. Somos criaturas de alegría. En su esencia, la alegría es relacional. ¡Alegría significa que alguien está encantado de estar conmigo!"[4].

Esta calidad de compañerismo alegre es lo que Margie y yo experimentamos al principio de nuestra relación, incluso antes de que empezáramos a salir. Es una de las cosas que más me atrajo de ella. Exudaba una alegre sensación de bienvenida. Me sentí totalmente cómodo en su presencia, lo cual era inusual para mí después de haber sido herido por el divorcio de mis padres, así como por las traiciones de mis novias en mis primeros años de adolescencia. Antes de conocer a Margie, normalmente me reprimía en las relaciones, especialmente con miembros del sexo opuesto. Me tomó un tiempo abrir mi corazón y confiar en la gente. Pero con Margie me sentí a gusto desde el principio. Ella emanaba calidez. Era sencilla y real, lo que me permitió relajarme y ser yo mismo. Supe de inmediato que podía bajar la guardia en su presencia. Evidentemente, muchos otros sentían lo mismo a su alrededor. En su velorio y funeral, escuchamos esto repetidamente de familiares, amigos e incluso pacientes de Margie. "Cada vez que estaba en presencia de Margie, me sentía muy amado personalmente y especial para ella. Se iluminaba de alegría y me hacía sentir tan deseada cuando me veía".

Margie y yo experimentamos muchos momentos de pertenencia alegre, pero ambos también sentimos demasiadas veces la falta de deleite en la presencia del otro. Durante las temporadas del otoño y del invierno de nuestro matrimonio, ya sea que duraran meses o minutos, el hecho de que estuviéramos juntos provocaba ansiedad en lugar de paz. No saber dónde estábamos el uno con el otro nos dejó a ambos en un estado de limbo emocional. Durante esas temporadas, nuestras miradas eran más cortas. Nos abrazamos y besamos con menos pasión y con menos frecuencia. Nos resultaba difícil encontrar cosas para hacer juntos que ambos disfrutáramos. El efecto neto fue que no disfrutábamos tanto estar cerca el uno del otro durante esas temporadas difíciles.

¿Alguna vez te has sentido como un extraño en tu propia casa, incluso cuando tu cónyuge está físicamente presente? Puede sentirse incluso más solo que estar totalmente solo. Muchas parejas casadas están familiarizadas con esta experiencia debido a la falta de un compañerismo satisfactorio. El Encuentro Matrimonial llama a este estado de convivencia "solteros casados". Cuando vivimos dos vidas separadas, perdemos ese vínculo especial de amor que Dios quiso para cada pareja casada. Por eso, es imperativo que hagas del compañerismo una prioridad.

Antes de considerar cómo puedes cultivar prácticamente un mayor compañerismo en tu matrimonio, hagamos una pausa por un momento para reflexionar sobre tu experiencia actual de compañerismo.

Tómate un momento

1. Cuando piensas en tu compañía diaria, ¿qué actividades compartidas encuentras más satisfactorias?

2. ¿Alguna vez te has sentido solo en tu matrimonio? ¿Qué contribuyó a ello?
3. ¿Qué importancia tiene el compañerismo diario con tu cónyuge en tu lista de prioridades?

La reordenación de prioridades

Nuestras prioridades revelan lo que consideramos valioso en la vida y cómo ordenar su importancia en la práctica del día a día. Al principio de nuestro matrimonio, Margie y yo, naturalmente, dimos una alta prioridad a pasar tiempo juntos. Ni siquiera tuvimos que trabajar en ello. Pero entonces las exigencias de la vida familiar se interpusieron en el camino. Probablemente conoces la rutina: escuela, trabajo, hijos, quehaceres, amistades, diferentes intereses, distancia emocional, etcétera. Todos ahogaron nuestro tiempo y el deseo de estar juntos. Antes de que nos diéramos cuenta, habíamos perdido nuestro sentido de conexión y pertenencia gozosa. Esta pérdida de conexión se convirtió tanto en la causa como en el efecto de nuestro compañerismo agotado. Teníamos menos tiempo para hacer cosas juntos; pero cuando estábamos juntos, lo encontrábamos menos agradable. También nos resultó más difícil encontrar cosas que realmente nos gustaban hacer juntos durante estas temporadas.

Nuestro declive en el compañerismo comenzó cuando estaba en la escuela de posgrado y ambos trabajábamos y cuidábamos a nuestros hijos pequeños. No queríamos que nuestras hijas estuvieran en la guardería, así que alternamos nuestros horarios de trabajo y escuela para que uno de nosotros estuviera siempre en casa con ellas. El cuidado de nuestros hijos era una prioridad importante, pero nos olvidamos de priorizar el tiempo que pasamos juntos como pareja como un valor igualmente importante. Durante esta temporada de nuestro matrimonio, comenzamos a pasar el poco tiempo libre disponible persiguiendo nuestros propios intereses en lugar de hacer cosas juntos. Como resultado, nos distanciamos más. Creo que este fue uno de varios factores que condujeron a la difícil temporada del invierno a finales de los veinte y principios de los treinta.

Algunos ejemplos cuentan la historia. En las noches en que yo estudiaba y los niños estaban en la cama, Margie salía a beber con amigos. Me molestaba que ella "saliera de fiesta" con sus amigos, y estos resentimientos se acumularon con el tiempo. Del mismo modo, le molestaba que yo estudiara todo el tiempo y luego pasara todo mi tiempo libre en actividades recreativas con mis amigos.

Mirando hacia atrás, puedo ver que Margie hizo muchos sacrificios para apoyarme, incluso animándome a seguir participando en los deportes porque sabía que me encantaba estar activo. Había jugado al fútbol durante toda la universidad. Cuando terminó, sentí un gran vacío en esta área de actividad física. Así que encontré un equipo de *flag football*, y mi cuñado Nick (el esposo de Kathy) y yo jugamos juntos en el equipo. Encontré mucha alegría jugando y saliendo con Nick y mis otros compañeros del equipo. Nuestro equipo terminó tercero en el torneo estatal, lo que lo hizo aún más divertido. Pero no demostré activamente mi amor por Margie tanto como mi "amor" por los deportes. Ella me apoyó para jugar, pero no estaba feliz cuando la dejé en casa con un bebé y un niño pequeño mientras yo salía de la ciudad por tres días para el torneo estatal. Elegí a mi equipo y a mí mismo sobre ella. Mis prioridades estaban fuera de orden. En lugar de reconocer humildemente mi egoísmo, me defendí con orgullo e ignoré sus preocupaciones.

Años más tarde, al salir de la temporada más difícil de nuestro matrimonio y al reenfocar mis prioridades en la vida, supe que necesitaba hacer de Dios mi máxima prioridad. Pero una vez más, descuidé a la compañera que me dio para cuidar y nutrir como mi segunda prioridad más importante. Esta vez, sin embargo, yo estaba bajo la falsa suposición de que estaba sirviendo a Dios. Me volví muy activo en la iglesia y dejaba a Margie y a nuestras hijas adolescentes en casa varias noches a la semana. Una vez más, me sentí justificado porque (como racionalicé para mí y para Margie) estaba cumpliendo con mi prioridad número uno de buscar y servir a Dios. Más tarde, me di cuenta de que Dios quería que estuviera más en casa con mi familia. Yo había estado poniendo mi iglesia y mi propia realización por encima de Margie y nuestros hijos. Confío en que veas el punto. Mantener nuestras prioridades puede ser un desafío para toda la vida. No es difícil ver por qué Margie y yo nos separamos durante esos años.

Aunque mi egoísmo jugó un papel importante, no quiero decir que fue completamente unilateral. Margie tomó decisiones similares en busca de su propia felicidad, eligiendo a sus amigos y actividades recreativas en vez de pasar tiempo conmigo y nuestra familia. Ambos fallamos en valorar nuestro tiempo juntos. Teníamos nuestras segundas prioridades más importantes fuera de orden.

Las prioridades son como faros de luz y guías que nos mantienen en el camino hacia el destino que tenemos en mente. Necesitamos tener claro qué es lo que más valoramos y mantener nuestras prioridades en el orden correcto. Para las parejas cristianas, las prioridades pueden verse así:[5]

1. Dios: "Amarás al Señor tu Dios con todo tu corazón" (Mc 12:30).
2. El matrimonio: el cónyuge y yo: "No busque nadie sus propios intereses, sino más bien preocúpese cada uno por los demás" (Fil 2:4).
3. Los hijos y los nietos.
4. La familia extendida y los amigos.
5. La Iglesia, la comunidad y el ministerio.
6. El trabajo y la carrera.
7. La recreación, los pasatiempos y otros intereses.

Como puedes ver, cada una de estas prioridades es importante y tiene valor. Ponerse de acuerdo en el orden de prioridades como pareja no siempre es lo más fácil de hacer (implica un *trabajo en equipo cooperativo*, que es el tema del siguiente capítulo). Pero incluso antes de que ustedes puedan llegar a un acuerdo como pareja, cada uno debe saber por sí mismo qué es lo que más valora y luego poner esos valores en práctica. Muchos de nosotros tenemos una brecha entre lo que decimos que valoramos y cómo actuamos sobre esas prioridades en nuestra vida diaria.

Recuerdo haber asistido a un *Cursillo*[6] de fin de semana hace muchos años cuando uno de los oradores dijo: "Si quieres saber tus prioridades, repasa tu chequera. La forma en que gastes tu dinero te indicará tus prioridades". Hay mucho de verdad en esta declaración, pero no es la imagen completa. La forma en que gastamos nuestro dinero dice mucho sobre lo que es importante para nosotros. Pero igualmente importante es cómo gastamos nuestro tiempo y nuestra energía, así como nuestros pensamientos y las elecciones que hacemos como resultado de lo que consideramos importante.

Si decimos que Dios es nuestra prioridad número uno, pero rara vez dedicamos nuestro tiempo a orar y rendir culto, debemos ser honestos con nosotros mismos y reconocer que no estamos viviendo en la práctica lo que profesamos que es importante. De manera similar, si decimos que valoramos pasar tiempo juntos como pareja, pero en la práctica invertimos poco dinero, tiempo, pensamiento o energía en estar juntos, realmente necesitamos reexaminar nuestras prioridades. Te habría dicho que, a lo largo de nuestro matrimonio, mi relación con Margie ocupó el segundo lugar en importancia detrás de mi relación con Dios. Pero hubo muchas ocasiones a lo largo de mi vida en las que no viví estas prioridades en nuestras actividades diarias. Cuando las cosas llegaron a una crisis en mi vida, tanto Dios como Margie me hicieron saber que yo no estaba realmente dedicado a ellos en la forma en que prometí que lo estaría. Para darle a Margie el valor apropiado en mi vida, yo estaba llamado a apreciarla como el precioso regalo de Dios que ella era. También necesitaba respaldar eso en acción creando rituales y rutinas que fortalecerían nuestros lazos de compañerismo.

Los rituales y las rutinas

Según el doctor Gregory Popcak, los rituales y las rutinas son el "esqueleto" de un matrimonio saludable y feliz. Subraya cuán esenciales son estos rituales y rutinas para fortalecer los lazos de compañerismo en el matrimonio: "Una pareja puede hacer muchas cosas juntos, pero la vitamina R, los rituales de conexión, ayuda a garantizar que el esqueleto que sostiene su relación se mantenga fuerte al identificar una línea de base de actividades diarias y semanales de trabajo, juego, conversación y oración a las que la pareja se compromete, contra viento y marea. Al hacerlo, la pareja se asegura de que su conexión se mantenga fuerte, independientemente de lo ocupados que estén o de lo frustrados que puedan estar el uno con el otro”[7].

Los rituales de conexión son formas habituales de relacionarse en torno al trabajo y el ocio. Algunas de estas actividades se realizan a diario, mientras que otras se realizan semanal o mensualmente. Algunos incluso pueden ser rituales anuales, como colocar un árbol de Navidad o vacaciones en tus lugares favoritos. Estos rituales y rutinas son eventos programados que tienen alta prioridad. Se aseguran de que una pareja comparta su tiempo juntos en los eventos ordinarios de la vida diaria.

Desde el comienzo de nuestro matrimonio, Margie y yo luchamos por encontrar puntos en común con respecto a cómo pasar nuestro tiempo libre juntos. Disfruté leyendo, las conversaciones uno a uno, jugar al ajedrez, los deportes activos y las vacaciones en las montañas. A Margie le gustaba mirar televisión, música, fiestas, ir de compras y la playa. Estas diferencias permanecieron con nosotros durante todo nuestro matrimonio. Al principio, no sabíamos cómo salvar estas diferencias para encontrar algunas actividades comunes que pudiéramos disfrutar haciendo juntos.

Cuando nos conocimos en la escuela secundaria, Margie era animadora y yo atleta. Cualquiera que sea el deporte, me encantaba jugarlo y a ella le encantaba animarlo. Sabíamos que teníamos un amor común por los deportes. Pero cuando se trataba de encontrar una manera de conectarnos en torno a los deportes, era difícil encontrar una actividad compartida que ambos disfrutáramos. Le gustaba más ver deportes que jugarlos. Me encantaba practicar deportes y el esfuerzo físico más que verlos. Cuando salíamos, le compré a Margie una raqueta de tenis para que pudiéramos jugar juntos, pensando que este era un deporte en el que podríamos ser más iguales en habilidad. Pero ella recién comenzaba a jugar y yo tenía más experiencia, aunque no era mi mejor deporte. Cuando le golpeo las pelotas, ella fallaría la mayoría de ellas y luego las perseguiría. Puedes imaginar que no fue muy divertido para ninguno de los dos. Así que después de un par de intentos, dejamos de "jugar" al tenis como pareja.

Al principio de nuestro noviazgo y los primeros años de matrimonio, también intentamos ir de compras juntos. Esta fue una de las actividades recreativas favoritas de Margie a lo largo de su vida. Le encantaba curiosear en los grandes almacenes. Cuando compraba ropa, lo cual era muy raro, quería hacerlo lo más rápido posible. Prefería entrar, encontrar lo que quería, comprarlo y luego salir tan pronto como pudiera. Nuestras diferencias no crearon un gran compañerismo durante las compras. Mientras ella miraba, yo me aburría. Cuando íbamos de compras, ella elegía las marcas que le gustaban, sin importar el costo. Yo era más consciente de los costos. Una vez más, descubrimos que ir de compras no era una buena manera de construir lazos de conexión.

Desafortunadamente, nuestra falta de conexión se produjo en muchas áreas diferentes de nuestros intereses. A Margie le encantaba ir a la playa y tomar el sol. Toleré que hubiera otros familiares o amigos para jugar los deporte. Le encantaban las reuniones sociales y por lo general era el alma de la fiesta. Disfruté la soledad y el tiempo uno a uno. Al principio de nuestro matrimonio, intentamos ir a fiestas con amigos de su trabajo (lo que no disfruté) y luego con mis amigos en la iglesia (lo que a ella no le gustó). Podría continuar con ejemplos similares en las tareas del hogar. A ella le gustaba cocinar, y yo no era muy buen cocinero. Lavé los platos en su lugar. Yo corté el césped y ella podaba. Nos complementábamos bien, pero teníamos problemas para encontrar actividades que pudiéramos compartir y disfrutar. Esa es otra de las razones por las que nos distanciamos. Me imagino que ya entiendes la situación y estás aplicando estos ejemplos a tu propio matrimonio.

Después de nuestra crisis, ambos vimos cuán desconectados emocionalmente nos habíamos vuelto. Deseábamos encontrar más cosas para hacer juntos y encontrar formas de reconstruir nuestros lazos de conexión. Pero no sabíamos por dónde empezar. Sabíamos que a los dos nos gustaba hacer cosas con nuestros hijos y ver sus actividades en la escuela y en los deportes. También disfrutamos viendo algunas comedias y eventos deportivos en la televisión mientras estábamos sentados uno al lado del otro en el sofá. Disfrutamos compartiendo comidas, viendo películas juntos y saliendo a comer. Siempre lo pasamos muy bien cuando nos fuimos de vacaciones. A ambos nos encantaba esquiar y explorar nuevos lugares.

Así que estos se convirtieron en algunos de nuestros rituales de compañerismo. Algunos eran diarios, algunos semanales, algunos anuales. Teníamos programas de televisión que veíamos por la noche cuando no estábamos en eventos deportivos o escolares para nuestros hijos (y luego para nuestros nietos). Teníamos citas casi todos los viernes por la noche, a menudo para cenar y ocasionalmente para ver una película. Nos íbamos de vacaciones una o dos veces al año explorando diferentes lugares, unas veces a las montañas, otras veces a la playa. Algunos de estos fueron con nuestros hijos, pero algunos solo con nosotros dos. Descubrimos que nuestras citas y vacaciones son una buena manera de construir lazos de conexión. A pesar de todo, nos pareció agradable estar cerca el uno del otro.

Ahora que Margie ha fallecido, a veces paso uno de sus programas favoritos en HGTV (*Home and Garden Television*) y recuerdo la simple alegría de esas tardes sentado a su lado, mirando con ella y frotando sus pies después de sus turnos de doce horas como enfermera. Incluso si no echo de menos ver esos programas, echo de menos pasar tiempo con ella, con sus lindos piececitos y, sobre todo, con la mujer a la que pertenecían.

Confío en que entiendan lo importante que es para ustedes como pareja encontrar aquellas actividades de trabajo y recreación que construyan sus lazos de compañerismo. Trabajar y jugar juntos (el compañerismo cotidiano) es tan esencial para la felicidad conyugal como orar y dialogar juntos (la unidad espiritual y la intimidad afectiva). Hay algo profundamente satisfactorio cuando las parejas pueden compartir una tarea juntos o jugar y reír juntos. Incluso si no hay mucha comunicación verbal, puede haber mucha satisfacción simplemente estar juntos.

Tomemos un momento para reflexionar sobre los rituales, rutinas y prioridades en tu relación. Después de las preguntas de reflexión, te animo a participar en la actividad para parejas, para que puedas planificar los rituales de conexión que fortalezcan tu compañerismo diario, semanal y anual. Este es un aspecto esencial de permanecer dedicados el uno al otro.

Tómate un momento

1. Haz una lista de tus prioridades como pareja. ¿Qué tan bien estás viviendo esto en la práctica?
2. ¿Qué rituales y rutinas fortalecen actualmente tus lazos de conexión?
3. ¿De qué manera luchan como pareja para encontrar cosas que disfrutan hacer juntos? ¿Estás dedicado a mejorar esta área de tu matrimonio?

Actividad para parejas: trabajar y jugar juntos

1. (Esposo) Comienza compartiendo un recuerdo agradable de trabajo juntos. ¿Qué disfrutaste en la actividad? ¿Cómo fomentó el compañerismo?
2. (Esposa) Escucha con atención la razón por la cual esto fue satisfactorio para tu esposo.
3. (Esposa) Comparte un grato recuerdo de compañerismo en una actividad recreativa. ¿Qué lo hizo agradable para ti? ¿Cómo te permitió sentirte más cerca de tu esposo?
4. (Esposo) Escucha atentamente lo que hizo que la actividad recreativa fuera agradable para tu esposa.
5. Planifiquen juntos una actividad que harán como pareja más adelante esta semana para pasar tiempo de calidad juntos (puede ser trabajo, juegos, una cita o cualquier otra cosa que ambos deseen). Luego, después de planificarla, sigan adelante y háganla. Después, hablen sobre cómo les fue.

6. Escribe un plan para hacer algo juntos todos los días, todas las semanas y todos los años. Haz un compromiso. Y luego dedícate a seguirlo. Las posibles ideas pueden incluir:

- Planifiquen una cita juntos.
- Lleguen a un acuerdo para trabajar juntos.
- Trabajen juntos en el jardín.
- Cocinen la cena juntos.
- Sean voluntarios juntos.
- Vayan de compras juntos.
- Jueguen al tenis o al golf o naden juntos.
- Vayan al cine juntos.
- Vean juntos un programa de televisión favorito.
- Lean juntos un libro en voz alta.
- Dense un masaje en los hombros o en los pies.
- Salgan a caminar juntos.
- Hagan ejercicios juntos en un gimnasio.
- Jueguen un juego juntos (cartas, juego de mesa, etcétera).
- Trabajen juntos en un álbum de recortes.
- Asistan juntos a un evento deportivo.

6

LADO A LADO: EL TRABAJO EN EQUIPO COOPERATIVO

Expresen su respeto a Cristo siendo sumisos los unos a los otros.

—Efesios 5:21

Nuestra hija Carrie y nuestro yerno Duane son los padres de nuestros ocho maravillosos nietos—cinco niños y tres niñas—con edades entre los dos y los diecisiete años. Se refieren a sí mismos como "Equipo Daunt" (una Navidad, Margie les compró camisetas que decían "Equipo Daunt" en el frente y su número de orden de nacimiento en el reverso). El nombre del equipo se originó por su amor por el fútbol, pero ha llegado a significar mucho más en la forma en que viven su vocación como familia.

Para administrar una familia de este tamaño, Carrie y Duane necesitaban sobresalir en el área del trabajo en equipo cooperativo. Como el resto de nosotros, es un trabajo en progreso, aunque me sorprende lo bien que planifican y trabajan juntos e involucran a los niños en las actividades. El trabajo en equipo comienza con mamá y papá. Cuando están en sintonía y viven en el don de su complementariedad, todo lo demás fluye al unísono. Cuando se desincronizan, el resto de la familia siente los efectos. Esto es cierto para todas las familias, porque todo en la familia fluye de la unidad y de la complementariedad que existe entre marido y mujer.

Al principio de mi matrimonio, no me di cuenta de que Margie y yo estábamos llamados a complementarnos en nuestras diferencias. Inconscientemente, quería que Margie pensara como yo, que se interesara por todas las cosas que me dieron vida y que hiciera las cosas de la forma en que pensaba que debían hacerse. Ingenuamente pensé, como muchos hombres de mi generación, que esto era lo que significaba ser la "cabeza" de la familia (ver Ef 5:23). Como muchas mujeres modernas, Margie me aseguró que de ninguna manera iba a "someterse" a mí y hacer las cosas a mi manera (ver Ef 5:22). Entonces, a veces simplemente cedí a su forma de hacer las cosas para mantener la paz. Ninguna de las dos maneras resultó beneficiosa.

Ambos teníamos una comprensión defectuosa del mandato bíblico de estar sujetos el uno al otro por reverencia a Cristo (ver Ef 5:21). Como resultado, seguimos siendo susceptibles a las maldiciones gemelas de dominación y control que comenzaron con el pecado original de Adán y Eva (ver Gn 3,16–17). Luchamos para llegar a la unidad debido a estas actitudes inmaduras e infectadas por el pecado.

Reconociendo nuestra falta de trabajo en equipo, me conmovió darme cuenta de que nuestro egoísmo estaba dañando nuestro matrimonio y nuestros hijos. En retrospectiva, vi que cada uno de nosotros había estado buscando sus propios intereses y sin poner atención a las necesidades y deseos de los demás. En el proceso, estábamos descuidando el bienestar de nuestra familia. Aunque si me hubieras preguntado, pensé que estábamos cuidando a nuestra familia de la mejor manera que sabíamos. Todavía teníamos mucho por crecer. Ambos necesitábamos madurar en nuestra capacidad de amar y cooperar.

Sobrio por estas realizaciones después de mi conversión espiritual más profunda, me volví más intencionado en buscar la guía y la fuerza del Espíritu Santo para estar más unido con Margie. Respondió mis oraciones de muchas maneras, pero una de ellas me asombró por completo. Un día, mientras estaba en una reunión con un amigo en una reunión de la iglesia, una mujer que no sabía nada de mí habló palabras que parecían venir directamente de Dios. Tan pronto como ella comenzó a hablar, mi corazón se sintió como si hubiera prendido fuego. Pude sentir al Espíritu Santo hablándole a mi espíritu mientras proclamaba este mensaje (que alguien escribió para que yo lo guardara):

> Hijo, estoy juntando cosas clave para que la fuerza no sea solo fuerza sobre fuerza, sino que sea un complemento para complementar. No necesito juntar las mismas cosas. Necesito poner cosas diversificadas juntas para traer el mayor complemento. Y así, el Señor dice que te he puesto incluso en algunas situaciones donde estas cosas parecen ser una lucha: "No pensamos lo mismo, no planeamos lo mismo, nuestras metas no son las mismas". Pero el Espíritu de Dios dice que esto no significa que estés en el lugar equivocado; significa que estás en el lugar correcto. Hijo, en lugar de ser el que simplemente siente la presión de hacerlo de otra manera o el que siente que tiene que empujar por su camino, que haya una combinación, que haya un fortalecimiento.

¿Alguna vez has tenido una experiencia como esta, cuando alguien habla de cosas que solo Dios puede saber? Sin duda llama tu atención. Habiéndome sentido tan solo durante esos oscuros meses de invierno de nuestra relación, me conmovió profundamente saber que nuestro Padre celestial se preocupaba íntimamente por nuestro matrimonio y veía las luchas silenciosas de mi corazón. Cuando recibí este mensaje a través de la boca de esta profetisa moderna, supe sin duda que Dios había escuchado mis oraciones silenciosas. Solo Dios podría haberme conocido tan íntimamente y haber hablado de nuestra situación con tanta claridad. Aunque de naturaleza correctiva, sus palabras me consolaron y animaron (ver 1 Cor 14:3). Reafirmando que nuestro matrimonio no fue un error, me dijo: "Esto no significa que estés en el lugar equivocado; significa que estás en el lugar correcto". Durante unos años yo había creído la mentira de que nuestra falta de unidad se debía a que éramos incompatibles y que nuestro matrimonio había sido un error.

A la luz de este mensaje profético, finalmente pude ver que nuestra falta de unidad se debía a nuestras actitudes egoístas y falta de voluntad para sometemos a la forma en que Dios hace las cosas. Cuando había conflicto, a menudo oscilaba entre dos extremos: aceptar hacer las cosas a la manera de Margie o presionar para hacer las cosas a mi manera. Como puedes imaginar y tal vez identificarte, ambos salimos resentidos porque no se escuchaba nuestra voz y no se consideraban nuestros intereses. En pocas palabras, no logramos unirnos en esta área crítica del trabajo en equipo cooperativo.

Estos resentimientos agitaron nuestros corazones y casi destruyeron nuestro matrimonio. Ninguno de nosotros quería estar sujeto al control del otro de ninguna forma o manera. Todavía no habíamos aprendido a combinar nuestras fortalezas individuales para complementarnos de la manera que Dios quería. No teníamos una comprensión real de lo que esto significaba: "Expresen su *respeto a Cristo* siendo sumisos los unos a los otros" (Ef 5:21, énfasis añadido).

Reverencia a Cristo

Durante esta temporada acelerada de crecimiento espiritual y sanación en nuestro matrimonio, Dios continuó llamándome a salir de mi manera egoísta de hacer las cosas mientras me enseñaba el amor de Cristo como modelo para mi vida. Estos cambios impactaron mi vida dentro y fuera de nuestro hogar. Por ejemplo, me sentí llamado, junto con algunos queridos amigos de mi comunidad de "Cristo renueva su parroquia", a ir al centro de la ciudad para ministrar a hombres sin hogar y químicamente dependientes algunas veces a la semana. Esto requirió algunos sacrificios significativos para cada uno de nosotros, impactando los ingresos y el estilo de vida de nuestras familias.

Un amigo, un abogado, se mudó de su casa de un millón de dólares, con su familia de seis, a un apartamento de tamaño mediano en las afueras del barrio empobrecido donde se encontraba el centro de rehabilitación. Inspirado por los ejemplos de san Francisco de Asís y santa Teresa de Calcuta, quería salir de las deudas y estar más disponible para responder a las necesidades de los pobres y oprimidos. Trabajaba a tiempo parcial en su práctica legal y pasaba el resto del tiempo cuidando a los hombres en el centro de rehabilitación. Toda su familia estuvo de acuerdo con esta importante elección de vida.

Otro amigo acababa de construir la casa de sus sueños. Después de escuchar a Jesús hablar claramente tanto a él como a su esposa, vendieron su nueva casa y se mudaron a un apartamento con sus tres hijos pequeños. Poco después de mudarse, perdió su trabajo y las ganancias de su casa recién vendida los mantuvieron durante seis meses, hasta que pudo encontrar otro trabajo. Vieron esto como la manera del Padre de cuidar a su familia. Pasó su tiempo libre buscando trabajo y ministrando en esta casa de transición con nosotros.

Un tercer amigo, que había entrado recientemente en la etapa del nido vacío, también se mudó con su esposa a una casa más pequeña. Al igual que mis otros dos amigos, él y su esposa estaban completamente de acuerdo con estos movimientos. En ese momento, Margie y yo, junto con nuestras dos hijas en edad escolar, vivíamos en nuestra pequeña (1.100 pies cuadrados) pero cómoda casa de tres habitaciones. Nuestra casa satisfizo bien nuestras necesidades (o eso pensé), pero se llenó un poco cuando dos de mis hermanos se mudaron con nosotros durante unos seis meses. Aun así, me sentí satisfecho de que no necesitábamos reducir el tamaño como lo habían hecho mis amigos.

A diferencia de mis amigos y sus esposas, Margie y yo no estábamos de acuerdo sobre nuestra situación de vivienda. Para Margie, nuestra casa actual era una "casa de inicio". Para mí, fue nuestro primer y único hogar. El pago de nuestra hipoteca era de $600 al mes. Con nuestros modestos ingresos, pudimos llegar a fin de mes sin acumular ninguna deuda fuera de nuestra hipoteca. Este fue un valor importante para mí, ya que en mi familia de origen vivíamos de cupones de alimentos después de que mi papá se fue. Al mantener nuestros gastos bajos, yo podría renunciar a dos días de ingresos para atender a los hombres que salen de prisión. Ayudarlos a liberarse de sus adicciones significó mucho para mí, ya que tanto Margie como yo teníamos hermanos que habían sido adictos al alcohol y las drogas.

Yo estaba feliz con nuestra situación de vida y la libertad que nos brindaba. Simplemente quería que Margie estuviera de acuerdo con lo que yo *pensaba* que Dios quería, tal como lo habían hecho las esposas de mis amigos. Admiré su sumisión mutua, que claramente se había producido como resultado de su reverencia por Cristo (ver Ef 5:21).

Margie y yo, en cambio, carecíamos mucho de unidad espiritual y de esta virtud de la sumisión mutua. Como resultado, teníamos problemas para cooperar y trabajar juntos como equipo. Estábamos encerrados en una *batalla de voluntades* en curso.

Una batalla de voluntades

Margie y yo teníamos percepciones y actitudes muy diferentes sobre nuestra situación de vida, junto con muchas otras cosas. Cuando compartí con ella las decisiones que estaban tomando mis amigos, se sintió amenazada de que yo pudiera hacer algo similar sin su consentimiento. Ella ya expresó su frustración porque le quité ingresos a nuestra familia al renunciar a dos días de trabajo. Quería que nos mudáramos a una casa más grande, no a una vivienda más pequeña como habían hecho mis amigos. Traté de asegurarle que nuestra casa ya tenía el tamaño correcto y que no tenía intención de mudarme a menos que Dios dejara en claro que eso era lo que quería.

Ella trató de decirme repetidamente que nuestra casa no era lo suficientemente grande para nuestras necesidades, especialmente cuando cuidaba a miembros de mi familia además de nuestros hijos. Sin embargo, realmente no escuché sus razones para querer una casa más grande. Rápidamente juzgué que estaba siendo codiciosa y que nuestra cultura consumista estadounidense se dejaba influir demasiado fácilmente por ella. Hipócritamente, mientras la juzgaba, era yo quien no estaba *reverenciando a Cristo*. Durante nuestros conflictos, cada uno de nosotros se aferró obstinadamente a nuestra voluntariedad, sin escuchar las preocupaciones o deseos del otro.

Nuestros deseos opuestos no eran el verdadero problema; fue nuestra falta de voluntad para someter estos deseos a Dios y a la otra persona lo que nos mantuvo en desacuerdo. Ambos nos mantuvimos obstinadamente en nuestras posiciones sin movernos. Cada vez que Margie sacaba a relucir el tema de querer una casa nueva, yo cerraba la conversación con estas palabras: "No podemos permitirnos una casa nueva". Ella respondía acusatoriamente: "Si trabajaras cinco días a la semana, podríamos pagar otra casa". Yo respondería sin rodeos: "No necesitamos otra casa", y luego me alejaría abruptamente. Fin de la conversación. Hasta la próxima ronda.

En estos argumentos, me engañé a mí mismo creyendo que yo estaba siendo razonable y manejando fielmente nuestros recursos. Yo estaba totalmente ciego al hecho de que mi obstinada negativa a hablar sobre el tema con Margie era una forma de dominación y control masculino. En mis actitudes y acciones hacia Margie, yo estaba actuando más como el Adán caído (ver Gn 3:16) que, como Jesús, el Nuevo Adán, a quien dije que quería emular. Asimismo, Margie estaba actuando más como la Eva caída, aferrándose a lo que quería, y no como María, la Nueva Eva, rindiendo su voluntad a la voluntad de Dios. Yo realmente creía que estaba en lo cierto. Peor aún, yo estaba seguro de que Dios estaba de mi lado. Resultó que estaba equivocado en eso y en muchas otras cosas.

Este conflicto entre nosotros llegó a un punto crítico cuando invitamos a toda mi familia a celebrar la Navidad en nuestra casa. La ocasión marcó lo que pensamos que sería la última Navidad de mi hermano Dave antes de morir (al final, vivió una Navidad más antes de morir del SIDA contraído a través de una aguja de heroína)[1]. La reunión incluía a mis padres, mis seis hermanos y sus cónyuges e hijos, unas veinticinco personas en total. Puedes imaginar cómo llenamos todos los espacios en la pequeña sala de estar de nuestra casa. Margie, a quien por lo general le encantaba servir, sintió la peor parte de los espacios reducidos tratando de preparar comidas en la pequeña área de la cocina con la familia a su alrededor. Escondió bien sus frustraciones, porque yo no me di cuenta de su angustia hasta que todos se fueron.

Cuando finalmente dejé a mi padre en el aeropuerto en la víspera de Año Nuevo, no podía esperar a volver a casa para ver la grabación de vídeo de nuestra celebración navideña. Mientras Margie y yo nos sentábamos y observábamos, sentí una oleada de alegría y gratitud por nuestro tiempo juntos como familia. Me sorprendió lo bien que había ido. Me preocupaba que sería incómodo para todos nosotros con mis padres divorciados en la misma casa durante seis días, pero todos respondieron con amabilidad y amor genuino. Verdaderamente celebramos el nacimiento de Cristo y el regalo de nuestra familia, incluso con su quebrantamiento y pérdida inminente.

Sin que yo lo supiera, mientras disfrutaba del momento de ver el vídeo de nuestra reunión familiar, Margie se sentó a mi lado muy enojada. Todo lo que podía ver en el vídeo era a los miembros de la familia pululando en los espacios reducidos de nuestra pequeña sala de estar y cocina. Ajeno una vez más a sus pensamientos internos y señales no verbales, me volví hacia ella y le dije: "Esta fue la mejor Navidad hasta ahora. Gracias por todo lo que hiciste . . .". Antes de que yo pudiera terminar la frase, toda su ira y frustración reprimidas salieron a la superficie: "Me alegro de que haya sido bueno para ti y el resto de la familia. ¿Tienes alguna idea de cómo fue para mí cocinar y servir a todos en esta pequeña casa?". En lugar de escuchar sus frustraciones, me ofendí por sus comentarios. No podía creer su insensibilidad (y probablemente ella no podía creer mi falta de sensibilidad hacia ella). Pensé: *Aquí tienes de nuevo, queriendo una casa más grande*. Y luego respondí en voz alta: "¿Por qué tienes que arruinar esta ocasión especial?". Con eso, me levanté enojado del sofá y comencé mi camino en una larga caminata alrededor de la cuadra. Resultó ser una de las caminatas más importantes de mi vida, porque finalmente aprendí la sabiduría que rodea la *sumisión mutua y el trabajo en equipo cooperativo*.

Antes de compartir mi descubrimiento y su impacto en nuestro matrimonio, tomemos un momento para reflexionar sobre cómo se aplica todo esto a ti y a tu matrimonio.

Tómate un momento

1. ¿Reconoces una "batalla de voluntades" en algun área de tu matrimonio? ¿Dónde necesitas mejorar tu trabajo como equipo?
2. ¿De qué manera cada uno de ustedes está tomando control y dominando al imponer su voluntad? ¿De qué manera estás concediendo sin un acuerdo total? ¿Cómo te sientes cuando esto sucede?
3. ¿Cuál es tu entendimiento de "sumisión mutua"? ¿Crees que es esencial para desarrollar el trabajo en equipo cooperativo en el matrimonio?

La sumisión mutua

La sumisión mutua (por reverencia a Cristo) surge cuando entregamos nuestras voluntades individuales a la santa voluntad de Dios. Esta es la única manera de superar efectivamente la "batalla de voluntades" que tan fácilmente impide nuestra unidad en la toma de decisiones. Al hacerlo, dejamos de lado nuestras demandas y combinamos nuestras fortalezas y percepciones únicas mientras aprovechamos la gracia y la sabiduría de Dios. Este acto de someter nuestros "deseos" por el bien común se encuentra en el corazón del mensaje del evangelio y es la clave para desarrollar un trabajo en equipo cooperativo. ¿Te imaginas un equipo deportivo en el que todos los miembros tengan su propia idea de cómo se deben ejecutar las jugadas? ¿O una orquesta donde todos tocan sin preocuparse por la dirección del director? Eso sería un equipo pésimo y una música bastante irritante, si pudieras llamarlo así. Algo similar sucede en el matrimonio cuando insistimos en nuestra propia voluntad. El egocentrismo fomenta la autosuficiencia y obstaculiza en gran medida nuestra capacidad para lograr nuestras metas y prioridades comunes.

Aquí es donde Margie y yo estábamos en muchas áreas de nuestro matrimonio antes de dar esa caminata alrededor de la cuadra que cambió mi vida. Salí de nuestra confrontación enojado y herido. Me di cuenta de que Margie también estaba sufriendo. Pero yo estaba demasiado absorto en mis propios sentimientos para atender a los de ella. Entonces, cuando comencé a caminar, comencé a orar, pidiéndole a Dios que nos guiara a ambos. Al orar, me di cuenta de que estábamos atrapados en una lucha de poder. Sin embargo, yo no podía ver ninguna salida al dilema. Incluso si uno de nosotros cediera y el otro se saliera con la suya, uno de nosotros continuaría sintiéndose resentido.

Volviendo de nuevo a la oración, tuve un pensamiento inspirado (que sentí que era del Espíritu Santo). "Entrega todo este asunto al Padre". Inmediatamente sentí que una paz sobrenatural reemplazó mis sentimientos de ira, confusión y desesperanza. De esta nueva paz, mi oración fluyó libremente de mi corazón y mis labios: "Padre, te entrego nuestra situación de vivienda". Entonces sentí remordimiento por haber dejado a Margie en la casa. Así que apresuré mis pasos hacia casa. Cuando llegué a la casa, mi mirada se encontró con la de Margie y, con una humildad renovada, dije: "Lamento haber sido tan insensible por lo que estabas pasando. Durante mi caminata me di cuenta de que estoy siendo terco e imponiendo mi voluntad sobre ti. Decidí entregarle todo el asunto a Dios. Estoy dispuesto a hablar de esto de nuevo si quieres".

Al principio, Margie no dijo mucho. Probablemente no estaba segura de confiar en mi repentino cambio de actitud. Pero en la cena más tarde esa noche, ella dijo: "Agradezco que estés abierto a hablar sobre la casa. Voy a dárselo a Dios también". Su respuesta me impactó. Pero a partir de ese momento, ambos sentimos una nueva libertad para hablar sobre nuestra situación de vivienda. Finalmente pude escuchar que no era la codicia o la envidia lo que la motivaba a querer una casa más grande. Le encantaba entretener y cuidar a nuestra familia extendida, pero me explicó lo difícil que era en nuestra pequeña casa. Finalmente escuché y la oí, sin ponerme a la defensiva. En respuesta, le conté sobre la motivación de mis amigos de querer seguir la voluntad de Dios. Le expliqué por qué no quería endeudarme ni verme obligado a trabajar más y estar lejos de la familia y del ministerio. Me habló de sus temores de que yo renunciaría a todo para seguir a Jesús más radicalmente como lo hicieron mis amigos. Le dije que yo no haría nada sin su bendición. Ambos escuchamos y tomamos en serio lo que el otro pensaba y sentía. Ambos experimentamos un cambio importante no solo en este tema, sino también en nuestro trabajo en equipo en otras áreas de nuestra vida juntos.

Creo que Dios recibió nuestra entrega mutua como un regalo de amor por él y por los demás. Luego nos mostró cuán íntimamente está involucrado en estas decisiones matrimoniales. Habiendo rendido nuestra voluntad a la suya, fue libre de moverse poderosamente en nuestra situación para nuestro bien y su gloria. Nuestro conflicto, que había estado ocurriendo durante los últimos cinco años, se resolvió rápidamente. En tres semanas, encontramos una casa más grande que ambos amamos. Tenía una enorme sala familiar de veinticuatro pies cuadrados y una gran área de cocina y comedor. Sería más que suficiente para las necesidades de nuestra familia y perfecta para el entretenimiento de Margie. Pero había un último problema que no sabíamos cómo resolver.

La casa costó el doble de dinero que nuestra casa anterior. No podríamos pagar la hipoteca y no teníamos dinero para los costos de cierre. Sin embargo, extrañamente, a pesar de estos obstáculos, ambos sentimos que sería nuestro nuevo hogar. Me asombró la paz que sentíamos cada uno, confiando en que Dios tenía una respuesta.

Ciertamente lo hizo. En respuesta a nuestra confianza en él, nuestro Padre celestial intervino, mostrándonos que era más que capaz de resolver todos los detalles. En las siguientes veinticuatro horas, hizo un pequeño milagro tras otro. Primero, los dueños de la casa bajaron el precio en quince mil dólares. También dijeron que pagarían los costos de cierre. Estábamos asombrados y agradecidos, pero eso aún no era suficiente para pagar la hipoteca. Luego, inesperadamente, las tasas de interés cayeron un 1 por ciento durante la noche. Eso redujo significativamente nuestra hipoteca. Con eso, nuestros pagos mensuales serían exactamente lo que originalmente pensamos que podíamos pagar. Reconociendo la mano de Dios en todo, ¿cómo podríamos decir que no? Pero incluso con eso, no terminó de mostrarnos su extravagante amor. Al día siguiente, inesperadamente recibimos $7.000 de una pequeña inversión (de $700) que había hecho hace algunos años. Ese dinero extra cubrió los costos de cierre para que mi hermana se mudara a nuestra antigua casa, sin que tuviéramos que contratar a un agente inmobiliario o encontrar un comprador. Todo esto ocurrió un día después de que encontráramos nuestro nuevo hogar.

Dios ciertamente había revelado su gloria y su amor por nosotros. Era obvio para ambos que él había intervenido de una manera asombrosa. Esto nos fortaleció a cada uno de nosotros en nuestra fe y le hizo saber a Margie que tanto su Padre celestial como su esposo se preocupaban profundamente por sus intereses y deseos. Esta vez, nos aseguramos de que un sacerdote bendijera nuestra casa tan pronto como nos mudamos. Durante todo el tiempo que vivimos allí sentimos una gran paz y una bendición en nuestro matrimonio y vida familiar. Nos quedamos en esa casa hasta que nuestras hijas se fueron y terminaron la universidad. Luego, en pleno acuerdo, redujimos un poco el tamaño.

A medida que se desarrollaban todos estos eventos, me di cuenta de que había estado completamente equivocado al pensar que sabía lo que Dios quería para nuestra familia. Había estado operando con orgullosa presunción, no con fe. Después de estos eventos, me di cuenta de que nuestro Padre primero quiere que santifiquemos su nombre y luego que confiemos en él para proveer nuestro pan de cada día. Esta es su voluntad: que estemos en unidad unos con otros "por reverencia a Cristo". Quería que yo amara a Margie y la bendijera al cumplir los deseos de su corazón. Él también quería derramar su abundancia sobre nosotros, mucho más de lo que pensé que necesitábamos. A través de toda la prueba, aprendí que no puedes poner a Dios en una caja. Él no opera de acuerdo con nuestras ideas preconcebidas de él. Y finalmente aprendí que sus caminos son el único camino hacia la felicidad y la armonía. Descubrimos que al sujetarnos el uno al otro por reverencia a Cristo, ambos nos beneficiamos, al igual que nuestras hijas y toda nuestra familia. Nadie perdió nada. Todos ganamos. Ninguno de los dos cedió ni obligó al otro a hacer nuestra voluntad. Llegamos a una unidad genuina a través de lo que pronto aprendí a llamar un *acuerdo entusiasta*.

El acuerdo entusiasta

Poco tiempo después de esta experiencia con respecto a la casa, encontré un libro del terapeuta matrimonial Willard Harley. *Give and Take: The Secret to Marital Compatibility* [Dar y recibir: el secreto de la compatibilidad marital][2] describe un proceso de negociación de una pareja que se parece extrañamente a lo que Margie y yo experimentamos cuando descubrimos el arte de la sumisión mutua. Hizo hincapié en que el acuerdo entusiasta es la única forma de mantener una unidad genuina. También habló sobre muchas de las trampas en las que Margie y yo habíamos caído con demasiada facilidad, y luego dio orientación sobre cómo superarlas.

En este libro, Harley sostiene que cada uno de nosotros es *alguien que da*, es decir, una parte de nosotros quiere dar a la otra persona para su beneficio, y *alguien que recibe*, es decir, una parte de nosotros quiere lo que más le conviene. Él enfatiza que no funciona en el matrimonio que una persona sea siempre la que da y la otra la que recibe. Tampoco funciona ceder constantemente en decisiones en las que cada uno gana algo y pierde algo. Dijo que esto conduce inevitablemente al descontento e incluso puede erosionar el amor y la unidad en el matrimonio. Su argumento es que para que las parejas mantengan vivo el amor y preserven la unidad, deben comprometerse a valorar tanto sus propios intereses como los de su compañero. No debemos conformarnos con una decisión a menos que ambos estemos contentos con el resultado.

Cuando vi la frase *acuerdo entusiasta*, reconocí de inmediato que ese era el regalo que Margie y yo recibimos en nuestra entrega mutua. Ambos estábamos completamente felices con nuestra decisión sobre nuestra situación de vivienda y sentimos la paz adicional de la bendición de Dios sobre ella. Aunque todavía teníamos muchos conflictos sin resolver en nuestro matrimonio después de eso, ambos vimos el valor de velar por los intereses del otro, así como por los nuestros (ver Fil 4:4). Probamos el buen fruto de la entrega mutua y queríamos más.

Después de reflexionar más, me di cuenta de que esto es lo que significa: "Expresen su respeto a Cristo siendo sumisos los unos a los otros" (Ef 5:21). Cuando honramos a Jesús como el centro de nuestro matrimonio, podemos trascender nuestro egocentrismo. Asumimos su carácter cuando velamos por el bienestar de los demás y no solo por el nuestro. Según san Pablo, así es como podemos vivir juntos en unidad y en paz:

> Entonces colmen mi alegría poniéndose de acuerdo, estando unidos en el amor, con una misma alma y un mismo proyecto. No hagan nada por rivalidad o vanagloria. Que cada uno tenga la humildad de creer que los otros son mejores que él mismo. No busque nadie sus propios intereses, sino más bien preocúpese cada uno por los demás.
>
> Tengan unos con otros los mismos sentimientos que tuvo Cristo Jesús. (Fil 2,2–5)

Es imposible ser uno en mente y corazón a menos que cada uno de nosotros imite y encarne el Espíritu de Cristo dándonos por el bien del otro. Esto no significa que ignoremos nuestros propios intereses, porque al hacerlo no nos amamos a nosotros mismos y eventualmente nos resentimos. Pero al considerar a nuestro cónyuge y velar por sus intereses tanto como por los nuestros, los amamos como nos amamos a nosotros mismos. Sin velar por los intereses del otro, nuestro amor no es verdadera devoción sino otra forma de manipulación y egoísmo.

Al cerrar este capítulo, tendrán la oportunidad de practicar la sumisión mutua y el acuerdo entusiasta entre ustedes. Esta puede ser la más desafiante y gratificante de cualquiera de las actividades para parejas que han practicado hasta ahora. Puedes encontrarte cara a cara con tu egocentrismo y tu deseo de tener el control. Pero tengan en cuenta que, si su objetivo es *dedicarse* el uno al otro, vale la pena luchar. La entrega mutua es la clave para el trabajo en equipo cooperativo y la verdadera devoción. Sé paciente y comienza poco a poco. Antes de pasar a la actividad, tómate un momento para reflexionar sobre qué tan bien practicas actualmente la sumisión mutua y el acuerdo entusiasta en tu relación.

Tómate un momento

1. ¿Puedes pensar en un momento en que tú y tu cónyuge practicaron la sumisión mutua? ¿Qué pasó? ¿Llegaste a un acuerdo entusiasta?
2. ¿Crees que siempre es posible llegar a un acuerdo entusiasta? ¿Qué impide que tú y tu cónyuge lleguen a un acuerdo sobre cuestiones esenciales?
3. ¿Estás dispuesto a practicar la sumisión mutua para llegar a un acuerdo entusiasta en algun área moderada de conflicto entre ustedes? Si es así, te recomiendo que sigas los pasos que se detallan a continuación, en orden.

Actividad para parejas: la sumisión mutua y el acuerdo entusiasta

A. Elijan un tema: Elige un tema para hablar, uno que ambos estén listos para abordar. No debería ser una cuestión que sea una de las más difíciles. Asegúrate de que ambos estén de acuerdo con entusiasmo sobre el tema que eliges.

B. Oración: Cada uno de ustedes individualmente comienza con una oración de sumisión (dila en voz alta):

> Padre celestial, te entrego mi voluntad. Ayúdame a someterme a ti ya mi cónyuge por reverencia a Cristo. Ayúdame a velar por los intereses de mi [esposo/esposa] así como por los míos. Revélanos tu voluntad. Permítenos llegar a un acuerdo entusiasta, contigo y entre nosotros. Te lo pido en el santo nombre de Jesús. Amén.

C. Compartan sus intereses y escuchen: Sabrás que has entregado tu voluntad por lo bien que ustedes pueden escucharse el uno al otro y preocuparse por los intereses de la otra persona tanto como por los tuyos.

1. (Esposa) Comienza expresando brevemente tus deseos y preocupaciones con respecto a este tema. La clave es expresar no solo lo que quieres, sino también por qué es importante para ti: tu interés subyacente (por ejemplo, no digas: "Quiero una casa más grande", sino "Quiero una casa más grande porque quiero poder entretener y esta casa es demasiado pequeña para hacer eso; y cuando nos mudamos a esta casa, nunca esperé que sería nuestra última casa".
2. (Esposo) Escucha, reflexiona y afirma los intereses de tu esposa ("Entiendo que quieres [los intereses de la esposa] porque [los motivos de la esposa]").

3. Cuando la esposa reconoce sentirse comprendida y afirmada, intercambia los roles (si no, aclara nuevamente hasta que te sientas comprendida y en paz).
4. (Esposo) Expresa brevemente tus deseos e inquietudes sobre este tema. Concéntrate en por qué es importante para ti: tu interés subyacente (por ejemplo, "No quiero mudarme y obtener una hipoteca más grande, porque entonces nos endeudaremos más y tendremos menos libertad para hacer las cosas que son más importantes para nosotros").
5. (Esposa) Escucha, reflexiona y afirma los intereses del esposo. ("Entiendo que quieres [los intereses del esposo] porque [los motivos del esposo]").
6. Cuando el esposo reconozca que se siente comprendido y afirmado, continúa con el siguiente paso (si no, vuelve a aclarar hasta que te sientas comprendido y en paz).

D. Buscar la voluntad de Dios

1. Ahora que ustedes han escuchado los intereses de cada uno, tómense un tiempo para orar y preguntarle a Dios cuáles son sus intereses en la situación. (Puedes tomarte un tiempo para escuchar en oración o reflexionar sobre las Escrituras antes de continuar la conversación. Muchos de nosotros tenemos problemas para confiar en que podemos escuchar a Dios. Si no "escuchas" nada claramente, entonces comparte lo que crees que Dios podría estar diciéndole. Otra forma de "escuchar" a Dios es considerar lo que podría significar hacer la voluntad de Dios y amarse bien el uno al otro en la situación).
2. (Esposo) Comparte lo que crees que son los intereses de Dios en la situación (por ejemplo, "No estoy seguro si esto es de Dios, pero siento que él quiere que me aleje de mi zona de comodidad y me interese por lo que tú quieres").
3. (Esposa) Comparte lo que crees que Dios está diciendo acerca de tus intereses (por ejemplo, "Creo que Dios está diciendo que

quiere que estemos en unidad y que hagamos lo que sea mejor para nuestro matrimonio y nuestros niños”).

4. Ve si puedes tomar lo que ambos escuchan y combinarlos. Ambos se turnan para resumir lo que escuchan que Dios dice a través de ustedes. ¿Cuál crees que es su voluntad y su deseo?

E. Buscar un acuerdo entusiasta

1. Pídanle al Espíritu Santo que los guíe en su conversación.
2. (Esposo y esposa) Continúen dialogando sobre posibles soluciones, considerando los tres conjuntos de intereses, tanto los suyos como los de Dios.
3. Si ustedes han recorrido con éxito los pasos anteriores, este proceso debería fluir libremente y no convertirse en otra batalla de voluntades.
4. Mantengan el rumbo hasta que ambos estén de acuerdo con entusiasmo.
5. Si se atascan, vuelvan a los pasos anteriores para ver qué falta.
6. Cuando lleguen a un acuerdo, verifiquen que estén entusiasmados y en paz con él.
7. Den gracias a Dios por su presencia y su ayuda.
8. Prueben el acuerdo a lo largo del tiempo. Si es verdaderamente entusiasta, ambos seguirán sintiéndose felices por ello y verán los frutos de una buena decisión: amor, alegría y paz.

7

CUERPO Y ALMA: LA REALIZACIÓN SEXUAL

Entre mi amado en su huerto y coma de sus exquisitos frutos.

—Cantar de los Cantares 4:16

El Cantar de los Cantares es una canción de amor erótica que defiende el esplendor, la pasión y la realización inherentes al acto sexual. Al comentar sobre la canción en su tratado sobre la teología del cuerpo, el papa Juan Pablo II comenta: "Encontramos aquí [en el Cantar de los Cantares] . . . los temas que llenan la literatura de todo el mundo. La presencia de estos elementos en este libro que entra en el canon de la Sagrada Escritura muestra que ellos y el relacionado 'lenguaje del cuerpo' contienen un signo primordial y esencial de santidad"[1].

Si entendemos correctamente el "lenguaje del cuerpo", podemos ver que el hombre y la mujer están "hechos el uno para el otro". Dios creó al hombre y a la mujer de tal manera que la unión sexual está destinada a ser una fuente de placer intenso, intimidad nutritiva y fecundidad abundante. La clave para la realización sexual es seguir la *intención de Dios*. La satisfacción profunda y duradera al hacer el amor sexual solo es posible en la medida en que lo hagamos de acuerdo con el diseño de Dios. "La sexualidad . . . se realiza de modo verdaderamente humano, solamente cuando es parte integral del amor con el que el hombre y la mujer se comprometen totalmente entre sí hasta la muerte" (*Familiaris consortio,* 11).

Teniendo en cuenta todo lo que hemos hablado hasta ahora, hacer el amor sexual está destinado a llevarnos a una comunión más profunda con Dios y con los demás mediante la imagen de la alianza del amor de

Cristo que se entrega a sí mismo, ofrecido de forma *libre, plena, fiel* y *fructífera*. Consideraremos cada una de estas características del amor sexual por separado, comenzando con *amar libremente*.

Amar libremente

Para ser mutuamente satisfactorio, hacer el amor sexual requiere la libre elección de ambos miembros de la pareja. Deja de ser el amor genuino cuando es coaccionado, manipulado o ocupado compulsivamente. La coerción en el dormitorio (o en cualquier otro lugar) es una violación de la dignidad de ambas personas y, por lo tanto, ya no es una expresión de amor auténtico. San Juan Pablo II observa perspicazmente: "*El hombre es persona precisamente porque es dueño de sí mismo y tiene dominio sobre sí mismo*. En efecto, en la medida en que es dueño de sí mismo, puede 'entregarse' al otro"[2]. La virtud del dominio de sí mismo protege tanto al esposo como a la esposa de actuar compulsivamente y así violar la libertad de su compañero, así como la suya propia.

A lo largo de mis años como terapeuta matrimonial, conocí a muchas parejas que luchaban contra la compulsividad sexual de una forma u otra. Muchos carecían de dominio propio sobre sus deseos y conductas sexuales; esta falta de libertad a menudo obstaculizaba su disfrute sexual como pareja. Los hombres a menudo llegaban descontentos con la frecuencia o la participación de sus esposas en el acto sexual. Expresaron el deseo de que sus esposas estuvieran más interesadas y apasionadas en su expresión sexual. Muchas de estas esposas confirmaron una pérdida del deseo sexual debido en parte a su experiencia de sentirse utilizadas. Después de explorar las razones detrás de estas quejas, generalmente uno o más de los siguientes problemas salieron a la superficie: (1) un historial de pornografía, fantasía sexual y masturbación por parte del esposo y, a veces, también por parte de la esposa; (2) un historial de actividad sexual fuera del matrimonio por uno o ambos cónyuges (el sexo prematrimonial o el adulterio); y (3) un historial de abuso sexual o violación anterior en la vida, para uno o ambos.

En cada caso, la compulsión sexual fue el principal culpable. Tarde o temprano, las insinuaciones lujuriosas de cualquiera de los miembros de la pareja o de un tercero le quitaron la libertad a la pareja de tener deseos sexuales saludables y participar en actividades sexuales amorosas dentro de su matrimonio. Este es un problema universal. La lujuria roba la intimidad porque se manifiesta como un apego por el placer sin tener en cuenta la libertad, la dignidad y la "inviolabilidad" de la pareja sexual. Christopher West señala: "Reconocer la inviolabilidad de una persona es reconocer el misterio interior único de esa persona y comprometerse a honrarlo. El amor auténtico, como nos dice Juan Pablo II, nos permite 'entrar' en el misterio de la persona sin violar nunca el misterio de la persona"[3].

Cuando la lujuria domina la relación sexual, es inevitable que una o ambas partes eventualmente experimenten compulsividad sexual y una pérdida de libertad en sus deseos y conductas sexuales. El esposo puede carecer de libertad para dominar sus impulsos sexuales al presionar para tener relaciones sexuales o a través del orgasmo prematuro. Por el contrario, la esposa puede carecer de la libertad para experimentar plenamente el placer sexual o ser incapaz de dejarse llevar lo suficiente para experimentar el orgasmo. Aunque estas dos respuestas parecen opuestas, ambas son expresiones de compulsión sexual. Este es el patrón normativo, pero tanto los hombres como las mujeres pueden ser compulsivos en cualquier dirección. Cualquiera de los dos puede tener una compulsión hacia el placer sexual o una compulsión por evitarlo.

La compulsividad sexual es mucho más común de lo que podías esperar. Pocos de nosotros llegamos al matrimonio completamente puros y sin mancha en el área de nuestra sexualidad. Por eso, la sanación de nuestra sexualidad es necesaria para la mayoría de las parejas antes de casarse, así como una vez casados. Antes del matrimonio, yo ingenuamente pensaba que no necesitaba sanación en mi sexualidad, pero más tarde descubrí en el matrimonio que llevaba un equipaje del pasado que necesitaba ser abordado.

Estas heridas vinieron del adulterio de mi padre, las necesidades emocionales insatisfechas de mi madre, las traiciones de mis dos primeras novias y mis propios pecados de impureza. El adulterio de mi padre y las traiciones de mis novias crearon profundas heridas de rechazo y desconfianza en mi corazón. Las necesidades de mi madre me llevaron a retirarme en autoprotección. Como resultado de todo esto, me costó mucho confiar en Margie y darle mi corazón. Además, me sentía inseguro y celoso cada vez que Margie expresaba afecto hacia otro hombre. Cuando recibí algo de sanación, experimenté más libertad en mi sexualidad y pude confiar en Margie más fácilmente.

También tuve heridas autoinfligidas por ver pornografía en la escuela primaria. Cuando tenía ocho años, un amigo me mostró revistas de *Playboy* que encontró en la habitación de su hermano. Aunque sabía que estaba mal, me dediqué a mirar las imágenes de mujeres desnudas. Dejé de mirar estas imágenes pornográficas en octavo grado y no tuve problemas con la pornografía después de eso, pero aún tenía un impacto oculto en la forma en que miraba y me relacionaba con las mujeres. Antes del matrimonio, alimentaba mi lujuria en las relaciones con novias. Después del matrimonio, influyó en mi forma de relacionarme con Margie en nuestra intimidad sexual. Unos años después de nuestro matrimonio, finalmente enfrenté estos pecados. Al hacerlo, también reconocí las formas en que Margie y yo violamos la voluntad de Dios al ser sexualmente activos antes del matrimonio y al practicar la anticoncepción y la esterilización. Descubrí, a través de las indicaciones del Espíritu Santo, que estas eran áreas en las que ambos carecíamos de libertad y necesitábamos la sanación.

Estoy agradecido por ese tiempo de purificación y perdón porque nos permitió entrar en una relación sexual más abierta y de confianza durante los años que nos quedan. Ambos pudimos vivir en una mayor medida de libertad respetando la "inviolabilidad" del otro. Esto, a su vez, nos permitió darnos más plenamente el uno al otro al hacer el amor. Amar libre y naturalmente nos permite amar más *plenamente*.

Amar plenamente

Amar plenamente significa participar en la intimidad sexual con todo tu ser: cuerpo, alma y espíritu, sin reprimir nada. Como tal, naturalmente involucra todas las áreas de la comunión conyugal de las que hemos estado hablando hasta este punto. La intimidad sexual se basa en la unidad espiritual, la intimidad emocional, el compañerismo diario y el trabajo en equipo cooperativo. Cada una de estas áreas influye profundamente en tu capacidad de realización sexual en tu matrimonio.

La realización sexual es ante todo el fruto de la *unidad espiritual*. Puesto que Dios es la fuente de todo amor verdadero, él debe estar en el centro de tu relación sexual para que sea entregada. Por eso, la oración es esencial para entregarte plenamente en la intimidad sexual. ¿Alguna vez oraron juntos antes de iniciar el acto sexual? Si no, te animo a que lo hagas. Nunca pensé en orar antes de la intimidad sexual hasta que escuché a personas en el Instituto de Teología del Cuerpo compartir sobre la satisfacción sexual que experimentaron al incorporar la oración. Cuando regresé a casa después de la conferencia, sentí el deseo de poner en práctica el consejo y experimenté algunas de las intimidades sexuales más hermosas y satisfactorias de nuestro matrimonio. Después de invitar al Espíritu Santo, sentí una reverencia renovada por Margie y una mayor capacidad para entregarme a ella sin contenerme.

Después de esa experiencia inicial, continué la práctica de orar antes de hacer el amor durante los años restantes de nuestro matrimonio. Cada vez que yo oraba, experimentaba la bendición de Dios mientras hacíamos el amor. Al invocar al Espíritu Santo, damos la bienvenida al amor, el gozo, la paz, la mansedumbre y la continencia de Dios en nuestro amor sexual. De esta manera, la intimidad sexual se convierte en una forma de orar y rendir culto, al ofrecer nuestros cuerpos "como un sacrificio vivo y santo capaz de agradarle" (Rom 12:1).

Dar de todo corazón y con pasión en el amor sexual requiere la vulnerabilidad y la confianza. Estos atributos provienen de niveles preexistentes de unidad espiritual e *intimidad emocional*. Los terapeutas sexuales católicos Christopher y Rachel McCluskey explican:

> Ya hemos notado que hacer el amor como Dios lo diseñó tiene sus raíces en un matrimonio de alianza saludable. Esto no significa un matrimonio perfecto, sino uno en el que ambos miembros de la pareja están completamente comprometidos el uno con el otro de por vida y *en darse a conocer, lo que significa ser reales, transparentes e íntimos el uno con el otro*. Su relación se basa en la confianza, lo que requiere absoluta honestidad. No tienen miedo el uno del otro, de ser dañados, menospreciados o engañados. Saben que su matrimonio está cimentado en

> el Señor y que pueden apoyarse en él cuando necesiten fortaleza, y los sostendrá. La unión sexual es el resultado y la expresión de estas cosas. Si estas características no están presentes, la pareja no está preparada para una relación sexual saludable. Necesitan enfocarse en la sanación y el crecimiento, en su capacidad de amarse primero de manera no sexual[4].

Las ideas de los McCluskey son verdaderas tanto para mi experiencia como terapeuta matrimonial como para mi propio matrimonio. Cuando Margie y yo estábamos más emocional y espiritualmente conectados y seguros, éramos más capaces de estar abiertos y satisfechos en nuestra unión sexual. Sin una conexión emocional y espiritual, el sexo se convierte en un acto meramente físico, que termina disminuyendo en lugar de mejorar el vínculo emocional entre marido y mujer. Las mujeres parecen verse especialmente afectadas cuando entran al sexo físicamente, sin una conexión emocional y espiritual preexistente.

Como terapeuta matrimonial, observé este patrón repetidamente. Sin intimidad emocional, la mayoría de las mujeres eventualmente pierden interés en la relación sexual con sus esposos. Esto es cierto para muchos hombres también. Pero lo contrario también es común en un matrimonio amoroso: la intimidad sexual puede brindar la seguridad emocional que permite que los esposos y las esposas se vuelvan más vulnerables y emocionalmente más expresivos el uno con el otro. Los químicos liberados durante el abrazo sexual tienen un poderoso poder de unión. ¿Has encontrado que estas cosas son ciertas en tu relación?

La intimidad sexual se vuelve aún más satisfactoria cuando el *compañerismo diario* y el *trabajo en equipo cooperativo* florecen en el matrimonio. Ser uno en mente y corazón, mientras se comparte en actividades recreativas y laborales, es el mejor tipo de juego previo sexual. En su libro *Love and War* [El amor y la guerra], John y Stasi Eldredge explican:

> La unión de dos cuerpos en los fuegos artificiales sensuales del sexo está destinada a ser un *acto consumador*, el evento culminante de dos corazones y almas

> que ya se han estado uniendo fuera del dormitorio y no pueden esperar para completar la intimidad tan profundamente como puedan . . . Para que una mujer se entregue por completo a su esposo, que es el sexo como debería ser, él tiene que haber ganado su corazón y volver a ganarlo, aunque solo sea de maneras pequeñas y sencillas hoy. Si ella va a poder abandonarse . . . su hombre habrá puesto atención a la *relación*[5].

Esto es solo sentido común. ¿Cómo puedes entregarte por completo al hacer el amor cuando la desconexión y la desunión prevalecen fuera del dormitorio? ¿Cómo puedes entregarte sexualmente cuando te estás reteniendo en las otras áreas de tu matrimonio? Puedo recordar a veces sentirme desconectado en mi matrimonio con Margie. En esos momentos, rara vez tenía deseos de intimidad sexual. Tampoco ella tenía un deseo cuando no se sentía querida y alimentada. Pero cuando estábamos en comunión en estas otras áreas de nuestra relación, nuestra intimidad sexual se convirtió en una expresión más profunda de nuestra sincera devoción mutua.

El punto clave para recordar al amar plenamente es que la satisfacción sexual es una expresión de las cinco áreas de la unidad marital. Cuanto más te entregues de todo corazón a tu cónyuge en cuerpo, alma y espíritu fuera de la cama, más satisfechos estarán ambos en su intimidad sexual. Antes de continuar, tomemos un momento para reflexionar sobre tus experiencias personales de amar libre y plenamente.

Tómate un momento

1. En una escala del 1 al 10, ¿qué tan satisfecho dirías que estás en tu relación sexual?
2. ¿Experimentas la libertad interior para entregarte plenamente a tu cónyuge en el acto amoroso?
3. ¿Qué heridas o compulsiones del pasado o del presente te impiden participar libremente en la intimidad sexual con todo tu corazón?

Amar fielmente

Cada vez que expresas tu amor en un abrazo sexual, significa que se trata de una renovación de tus votos matrimoniales[6]. Cuando ustedes hacen el amor, están reafirmando físicamente su promesa de "amarse, honrarse y cuidarse" y ser fieles el uno al otro por el resto de su vida. ¿Has experimentado tu intimidad sexual de esta manera, como una renovación de tus votos y una promesa de fidelidad mutua?

Nada impide más la realización sexual en el matrimonio que la infidelidad. El adulterio es la forma más obvia de infidelidad y posiblemente la más dañina. Habiendo acompañado a muchas parejas a través del proceso de sanación de las heridas del adulterio, te puedo asegurar que es devastador para todas las partes involucradas. Unos pocos momentos de placer ilícito para uno de los cónyuges cosechan meses y a veces años de profunda angustia y dolor para ambos. La infidelidad destruye la confianza entre los cónyuges y hiere el corazón de ambos. Cualquiera que haya experimentado una traición como esta se da cuenta de que estas heridas son profundas, devastando el matrimonio y enviando un efecto dominó de sufrimiento a toda la familia de la pareja. (Experimenté estas profundas heridas cuando era un joven adolescente con la infidelidad de mi padre a mi madre. Solo puedo imaginar cuán profundamente la impactó).

Además del adulterio, hay muchas otras formas en que los cónyuges pueden ser infieles entre sí, incluso por las decisiones que tomaron antes del matrimonio. ¿Estás consciente de que cualquier relación sexual en la que participes fuera del matrimonio, incluso si ocurrió antes de tu matrimonio, es una forma de infidelidad? Si uno de ustedes se hace "una sola carne" (1 Cor 6:16) con alguien que no es su cónyuge, es infiel a su futuro cónyuge, sin siquiera saberlo. Lo que debería haberse reservado y guardado exclusivamente para su cónyuge en el matrimonio se le dio a otra persona antes del matrimonio. Esa es una de las muchas buenas razones por las que Dios prohíbe la fornicación, es decir, las relaciones sexuales antes del matrimonio (ver 1 Cor 6:9).

He aconsejado a muchas personas a lo largo de los años que intuitivamente sintieron esto como una traición a su alianza matrimonial, aunque sucedió antes de conocer a su futuro cónyuge. Si esta ha sido tu experiencia, Dios desea perdonarte y traer la sanación en esta área de tu vida y de tu matrimonio. Ya sea que te hayas dado cuenta o no, creaste un *apego impío* con alguien y te convertiste espiritualmente en uno con él al tener relaciones sexuales con él fuera del matrimonio (ver 1 Cor 6,15–20). Para que ocurra la sanación, esto debe confesarse como una ofensa contra Dios, tu cónyuge, tú mismo y la(s) persona(s) con la(s) que tuviste intimidad sexual fuera del matrimonio. Luego renuncia a los lazos impíos del alma que se establecieron entre tú y cualquier persona con la que hayas tenido una relación sexual anterior, incluidas las relaciones de fantasía (consulta la oración "Renunciar a los lazos impíos del alma" en el apéndice 2). He observado el buen fruto que ha llegado a los matrimonios cuando estas heridas son sanadas y estos vínculos ilícitos son completamente renunciados y perdonados.

También se necesita la sanación para una miríada de otros tipos de infidelidad. La pornografía, la masturbación, las aventuras emocionales y todos los pensamientos y acciones lujuriosos dentro del matrimonio son formas de ser infiel a Dios y a tu cónyuge. Jesús dijo: "Quien mira a una mujer con malos deseos, ya cometió adulterio con ella en su corazón" (Mt 5:28). El papa Juan Pablo II causó un gran revuelo en los medios hace unos años cuando advirtió que incluso las parejas casadas pueden cometer el adulterio "en su corazón". Dijo que esto ocurre cada vez que se acercan a su compañero con lujuria, más que con amor: "El adulterio 'en el corazón' no se comete sólo porque el hombre 'mira' así a una mujer que no es su esposa, sino precisamente porque mira así a una mujer. Incluso si mirara de esta manera a su esposa, cometería el mismo adulterio 'en el corazón'"[7]. Esto obviamente se aplica tanto a las mujeres como a los hombres. Pocos de nosotros podemos decir que estamos completamente libres de lujuria y nunca hemos sido infieles al plan de amor de Dios.

También podemos ser infieles a nuestro cónyuge de maneras no sexuales, lo que dificulta nuestra intimidad sexual. El doctor John Gottman amplía nuestra comprensión de la infidelidad para incluir cualquier acto de deslealtad o traición dentro del matrimonio:

> Aunque tendemos a pensar en la infidelidad en términos sexuales, una aventura extramatrimonial es solo un tipo

> de deslealtad . . . La traición es, fundamentalmente, cualquier acto o elección de vida que no prioriza el compromiso y antepone a la pareja "por encima de los demás". Las traiciones no sexuales pueden devastar una relación tan profundamente como una aventura sexual. Algunas formas comunes de engaño incluyen ser emocionalmente distante, ponerse del lado de un padre en contra de su pareja, faltarle el respeto a la pareja y romper promesas importantes. La verdad es que la mayoría de nosotros somos culpables de infidelidad de vez en cuando. Pero cuando cualquiera de los cónyuges defrauda constantemente el matrimonio, surge el peligro. De hecho, la investigación de Love Lab indica que la *traición se encuentra en el corazón de cada relación fallida*[8].

Estas son palabras aleccionadoras, ¿no? Antes de juzgar a nuestro cónyuge por infidelidad, debemos mirarnos en el espejo. Me aferré a los juicios hacia mi papá, hasta que lo perdoné por haberme sido infiel a mi mamá ya todos nosotros. Me di cuenta de que no tenía derecho a juzgarlo sin sacar primero la viga de mi propio ojo (ver Lc 6:42). Yo necesitaba mirar dentro de mí para confrontar mis variadas formas de infidelidad a Margie y, en última instancia, a Dios. Distanciarme de ella era la mayor forma de infidelidad. Pero también fui infiel a nuestros votos cada vez que ponía la escuela, el ministerio, los amigos, los hijos y las relaciones con familiares u otras personas por encima de Margie (y Dios).

Del mismo modo, su elección de fiestas, amistades y miembros de la familia sobre mí fueron formas en que me fue infiel. Cada palabra o acción desagradable hacia los demás, y cada vez que nos negamos el amor, fueron fallas en amarnos fielmente. Creo que es seguro decir que la mayoría de nosotros hemos sido infieles de una forma u otra en el matrimonio. ¿Quién puede decir que hemos sido totalmente leales, completamente honestos y que hemos elegido constantemente a nuestro cónyuge sobre todos y todo lo demás (excepto Dios)?

Si algo de esto te tienta a condenarte a ti mismo, esa no es mi intención. Si te sientes avergonzado o culpable, te animo a que hagas una pausa y pidas la misericordia y la sanación de Dios. No sirve de nada condenarte a ti mismo o a tu cónyuge por áreas en las que alguno de ustedes ha sido infiel. Puedes pedir perdón a Dios y a tu cónyuge, confesarte, entrar en un proceso de sanación y comenzar de nuevo el proceso de restaurar la confianza (ver los capítulos 9 y 10). Por otro lado, si actualmente te sientes tentado a cualquier tipo de infidelidad, te insto a que hagas todo lo que esté a tu alcance para buscar la ayuda de Dios, para que puedas prevenir el dolor que inevitablemente te causarías a ti y a tu cónyuge, así como los hijos que puedas tener.

Si ya has experimentado la infidelidad, no pierdas la esperanza y no renuncies a tu matrimonio. En mis años como terapeuta matrimonial, conocí a muchas parejas para quienes la infidelidad casi había destruido su matrimonio, pero a través de la terapia, un fuerte compromiso de fe, perseverancia, sanación y perdón, la gran mayoría de estas parejas pudieron restablecer la confianza y recuperar un profundo amor el uno por el otro. No fue sin mucho trabajo duro que implicó enfrentar el profundo sufrimiento propio y de su cónyuge. Sé por mi propia experiencia con la infidelidad de mi padre que la sanación a menudo toma un tiempo para todas las personas involucradas.

Podemos evitar muchos dolores si seguimos el diseño de Dios para el matrimonio amándonos fielmente. Una de las principales formas en que nos mantenemos fieles a Dios y a nuestro cónyuge es amándolos *fructíferamente*.

Amar fructíferamente

Ser fructífero es simplemente respetar el orden y el diseño de Dios para la intimidad sexual. Después de crear a Adán y Eva, Dios los invitó (y a todos nosotros) a participar con él en el acto milagroso de la *procreación*: "Sean fecundos y multiplíquense" (ver Gn 1:28; 9:1; Sal 127:3). A lo largo de los milenios, Dios no ha cambiado de opinión acerca de este propósito fundamental de las relaciones sexuales. Los hijos son el fruto más preciado del amor sexual. Kimberly Hahn señala: "Los niños son solo y siempre una bendición . . . y un regalo de Dios"[9].

En nuestra cultura moderna, con el inicio del control de la natalidad, la invención de los procedimientos de esterilización, las tecnologías reproductivas y la legalización del aborto, hemos negado casi por completo el vínculo indisoluble entre los aspectos unitivo y procreador de la sexualidad. En los siglos pasados, se subestimó el aspecto unitivo (es decir, la comunión marital). Ahora el aspecto procreativo se ve disminuido a medida que nuestra cultura se ha obsesionado cada vez más con el placer sexual por sí mismo. En su libro *Holy Sex!* [¡El santo sexo!], el doctor Gregory Popcak contrasta el sexo sagrado (el diseño de Dios) y el erotismo (el auto placer).

> El erotismo es "todo sobre mí" y cuánto puedo obtener de ti sin tener que dar demasiado a cambio (por ejemplo, el compromiso, la fidelidad o el amor real); le tiene terror a los niños. El santo sexo desafía a los amantes a ver que el increíble poder de su amor mutuo no se puede mantener entre los dos. El santo sexo celebra un amor tan poderoso que en nueve meses hay que ponerle nombre. El santo sexo aprovecha la chispa creativa del amor divino que anhela crear más criaturas para amar y permite a los hombres y mujeres vislumbrar la alegría que Dios mismo experimenta cuando su amor estalla en vida[10].

Muchos de nosotros debemos superar el erotismo en nuestro camino hacia la realización sexual. Antes de casarnos, Margie y yo, como muchas parejas no casadas, queríamos disfrutar del placer de la intimidad sexual (el erotismo) sin tener que enfrentar ninguna de las consecuencias naturales (el embarazo y el cuidado de los niños). Habíamos visto a otras que conocíamos experimentar las dolorosas consecuencias de quedar embarazadas antes del matrimonio. Entonces, con mi consentimiento, Margie tomó la píldora para bloquear la fertilidad.

Nos convencimos de que estábamos expresando amor, pero en realidad estábamos permitiendo que el erotismo gobernara nuestros deseos sexuales. Temíamos tener hijos antes del matrimonio porque no estábamos preparados para cuidarlos. Es sorprendente la diferencia que hace el matrimonio en este sentido. Poco después de casarnos, nuestros miedos desaparecieron y ambos teníamos un fuerte deseo de tener hijos. Dentro de los primeros tres años de matrimonio, concebimos y dimos a luz a los dos regalos más preciados de nuestro amor: nuestras dos hijas, Carrie y Kristen.

Pero luego, después de tener a nuestra segunda hija, Margie volvió a ceder al miedo y decidió que quería someterse a una ligadura de trompas. Aunque deseaba tener más hijos, accedí a su decisión después de que ella me dijo que temía sentirse abrumada por tener que cuidar a más de dos niños. Ella no quería fallarles dijo. Entonces, una vez más, el miedo de Margie a los niños y mi consentimiento pasivo nos impiden vivir en la bendición de Dios en nuestra sexualidad. Sin darnos cuenta, estábamos diciendo no a la santa voluntad de Dios y a su diseño para hacer el amor auténtico. Sin darnos cuenta, invitamos a la muerte y al control a nuestra relación sexual en lugar de confiar en los caminos y los propósitos de Dios, que traen la vida y el amor.

Aunque éramos totalmente ajenos a las consecuencias de nuestra decisión en ese momento, ahora puedo mirar hacia atrás y ver que nuestra decisión de esterilizarnos cambió fundamentalmente nuestra intimidad sexual y nuestro matrimonio en general. Pensamos que bloquear la fertilidad aumentaría el deseo sexual y brindaría mayores oportunidades, pero tuvo el efecto contrario. Nos volvimos menos inclinados a participar en la intimidad sexual y más ansiosos cuando lo hacíamos. Creo que este fue uno de los factores ocultos que nos catapultó a las temporadas del otoño y del invierno de nuestro matrimonio.

Me entristece decir que me llevó muchos años, hasta que nuestras hijas llegaron a la adolescencia, antes de darme cuenta de que Margie y yo habíamos pecado contra Dios y contra nuestro matrimonio al aceptar bloquear nuestra fertilidad. Después de leer el libro *Good News about Sex and Marriage* [Buenas noticias sobre el sexo y el matrimonio] de Christopher West y luego de escuchar el discurso de Janet Smith *Contraception: Why Not?* [La anticoncepción: ¿por qué no?], el Espíritu Santo me convenció de la bondad del plan de Dios. Me di cuenta de que nuestro uso de la anticoncepción y la esterilización eran actos de infidelidad a Dios, que resultaron en la eliminación de la fecundidad de nuestro amor. No solo nos cerró al don de más hijos, sino que también nos cerró al Espíritu Santo y los frutos de amor, alegría, paz y dominio propio en nuestro matrimonio (ver Gal 5,22–23).

Cuando llegué a esta conciencia, me apené por el impacto de nuestras elecciones egocéntricas. Estoy eternamente agradecido de haber podido recibir la misericordia de Dios a través del Sacramento de la Reconciliación. Más tarde, me disculpé con Margie y con nuestras hijas. Yo quería hacer las paces, pero no sabía cómo hacer las cosas bien. Margie no compartía mi punto de vista sobre estos asuntos y, aunque lo hubiera hecho, su ligadura de trompas era irreversible. No vi una manera de arrepentirme activamente por nuestras decisiones anteriores.

Después de orar al respecto, tuve la fuerte sensación de que podía seguir la voluntad de Dios enseñando a otros la verdad que había descubierto, empezando por nuestras hijas adolescentes. Me sorprendió lo abiertos que estaban para escuchar sobre el diseño de Dios para la sexualidad y cómo inmediatamente tuvo sentido para ellos. Ahora, muchos años después, tanto Carrie como Kristen y sus maridos son fieles testigos de la vida, cada uno a su manera. Carrie y Duane han "llenado su aljaba" (Sal 127:5). Nos han traído a todos una gran alegría con ocho hermosos niños que se están criando en un hogar donde el amor y la fidelidad ocupan un lugar central. Mi hija Kristen y mi yerno Stephen están igualmente dedicados a la fecundidad, aunque aún no han podido concebir después de nueve años de matrimonio. Actualmente demuestran su amor por la fecundidad en su trabajo ministerial con adolescentes (incluyendo la enseñanza de la teología del cuerpo), y en la abundancia de amor que muestran por sus sobrinos.

Por la gracia de Dios, mi decisión de enseñar a otros la verdad sobre nuestra sexualidad ha revelado otros frutos más allá de nuestra familia inmediata. Conozco a varias parejas que se abrieron a la vida después de someterse previamente a una vasectomía. Ellos, a su vez, se han convertido en testigos convincentes del Evangelio de la vida (*Evangelium vitae*). Una de esas parejas, después de su cirugía de reversión, concibió un cuarto hijo y me pidió que fuera el padrino de su hijo. Estoy abrumado por la bondad y la misericordia de Dios.

El amor fructífero es hermoso en cualquier edad o etapa de la vida. Escuché uno de los testimonios más convincentes de amor fructífero de una mujer de setenta años en el Instituto de Teología del Cuerpo. Estábamos hablando de la vulnerabilidad y la confianza que se requiere para abrir nuestra sexualidad al diseño de Dios para el amor y la vida. Durante la conversación, esta mujer se puso de pie para compartir sus experiencias personales. Lo siguiente es una paráfrasis de lo que le escuché decir ese día: "Hubo dos situaciones a lo largo de mi vida en las que fui más vulnerable y abierta a Dios. En esos momentos, sentí que estaba viviendo plenamente en mi identidad como mujer. La primera es cuando abrí mi cuerpo y mi alma para recibir el amor de mi esposo y su semilla de vida en nuestro abrazo sexual. El segundo ocurrió, nueve meses después, cuando me abrí, en cuerpo y alma, una vez más para recibir y nutrir el fruto de nuestro amor: cada bebé". Notó que un acto de vulnerabilidad comenzó con el placer (la intimidad sexual) y el otro con el dolor (el trabajo de parto y el nacimiento del niño), pero ambos juntos le han dado la mayor realización en su sexualidad.

¿Y tú? ¿Qué te ha traído la mayor realización en tu sexualidad? ¿Ves cómo hacer el amor sexual, cuando se practica de acuerdo con el diseño de Dios, es una expresión de tu devoción a él y a tu cónyuge? Tomemos un momento para reflexionar sobre cómo ustedes se están amando fiel y fructíferamente. Después de reflexionar sobre estos temas, los invito (las parejas casadas y comprometidas) a participar en la actividad para parejas: tomarse de las manos y mirar fijamente. Es un ejercicio poderosamente íntimo que podría mejorar la capacidad de realización mutua.

Tómate un momento

1. ¿De qué manera tener la idea de que hacer el amor sexual es una renovación de votos cambia la forma en que ustedes se acercan sexualmente?
2. ¿De qué manera necesitas crecer en fidelidad en tu matrimonio? ¿Cómo ha impedido la infidelidad (de cualquier tipo o grado) tu confianza y franqueza mutua?
3. ¿Cuál es tu reacción a la declaración: "La anticoncepción y el aborto invitan a la muerte y al control temeroso a la relación matrimonial"? ¿Crees que es verdad? Explica.

Actividad para parejas: tomarse de las manos y mirar fijamente

Este ejercicio de tomarse de las manos y mirarse a los ojos fijamente tiene como objetivo mejorar la intimidad y la confianza entre ustedes. Los animo a practicar amarse libre y plenamente en esta actividad. La mayoría de las parejas inicialmente se sienten un poco incómodas mirándose a los ojos por cualquier tiempo, así que esto puede ser difícil para uno o ambos. Si tienen una risa nerviosa al principio, está bien. A medida que persistan a través de la incomodidad, confíen en que experimentarán un nuevo nivel de intimidad.

1. Pregúntense si están dispuestos a participar en esta actividad ahora.
2. Si no, tengan una conversación sobre por qué no quieren hacerlo.
3. En caso afirmativo, comiencen pidiendo al Espíritu Santo que esté presente con ambos.
4. Configuren una alarma por cinco minutos.
5. Luego tómense de las manos (ambas manos) y tierna y sensualmente comuniquen su amor por su cónyuge a través del tacto.
6. Mientras se toman de las manos, mírense amorosamente a los ojos.
7. No hablen ni besen hasta después de completar el ejercicio; dejen que las manos y los ojos expresen su amor
8. Al final, compartan su experiencia.

PARTE II

LA SANACIÓN Y LA RECONCILIACIÓN

8

COMPRENDER LAS RAÍCES DE LOS CONFLICTOS

[El amor no] busca su propio interés . . . y no guarda rencor.

—1 Corintios 13:5

Tu matrimonio tendrá éxito o fracasará en gran medida dependiendo de qué tan bien comprendas y reconcilies los conflictos inevitables que son inherentes a tu relación. No importa cuán compatible o incompatible creas que eres, cierto nivel de conflicto es inevitable. La forma en que comprendas y abordes estos problemas marcará la diferencia entre si tienes un buen matrimonio o uno pobre, o uno que se encuentre en algún punto intermedio. Si se manejan bien, tus conflictos los llevarán a una unidad e intimidad más profunda entre ustedes. Si se ignoran durante el tiempo suficiente, los conflictos no resueltos pueden internalizarse y hacer que uno o ambos retiren su amor. Comprender tus conflictos no significa que todos ellos puedan resolverse. De hecho, según la investigación del doctor John Gottman, la *mayoría de los conflictos en el matrimonio no se pueden resolver*. Lo que más importa es cómo nos relacionamos entre nosotros durante los conflictos.

> Las parejas pasan año tras año tratando de cambiar de opinión, pero no se puede hacer. Esto se debe a que la mayoría de sus desacuerdos tienen sus raíces en diferencias fundamentales de estilo de vida, personalidad

> o valores. Al pelear por estas diferencias, lo único que logran es perder el tiempo y dañar su matrimonio. En su lugar, necesitan comprender la diferencia fundamental que está causando el conflicto y aprender a vivir con él honrándose y respetándose mutuamente. Solo entonces podrán construir un significado compartido y un sentido de propósito en su matrimonio[1].

La conclusión de Gottman se produjo después de ver miles de horas de grabaciones de vídeo de parejas casadas que abordan conflictos. La mayoría de los conflictos, él sostiene, no tienen que ver con los problemas superficiales, sino que a menudo involucran "problemas ocultos más profundos que alimentan estos conflictos superficiales y los hacen mucho más intensos y dolorosos de lo que serían de otro modo"[2].

Después de casi cuarenta y dos años de matrimonio y más de cuatro décadas de acompañar a parejas casadas en su proceso de sanación, encuentro que los hallazgos de Gottman son tanto preocupantes como afirmativos. Son preocupantes porque todos deseamos que se resuelvan nuestros conflictos, y puede ser doloroso e inquietante cuando quedan sin resolver. Pero, en última instancia, sus conclusiones son afirmativas porque hablan de la realidad que he experimentado en mi matrimonio, así como de lo que observé al ministrar a cientos de parejas a lo largo de los años.

Los cónyuges tienen numerosas diferencias en personalidad, valores, estilos de vida y expectativas ocultas para su matrimonio. Muchas de estas diferencias permanecerán hasta que mueran. Estas diferencias fundamentales deben ser comprendidas y respetadas. No sirve de nada tratar de cambiar la naturaleza fundamental de tu cónyuge para que piense y actúe más como tú. Eso *nunca* funciona. Confía en mí, traté muchas veces de convencer a Margie de que pensara como yo pienso, y siempre fracasé. En cambio, como hablamos en el capítulo sobre el trabajo en equipo cooperativo, estas diferencias deben abordarse con amor, en una postura de sumisión mutua y con reverencia por los demás y por Cristo (ver Ef 5:21). Este proceso de respeto mutuo comienza reconociendo las diferencias fundamentales de personalidad.

Las diferencias de personalidad

En su popular libro *The Temperament God Gave You* [El temperamento que Dios te dio], Art y Laraine Bennett proponen que los temperamentos son innatos. Una persona por naturaleza puede ser más relajada; el otro más intenso. Uno es jovial y extrovertido; el otro más reflexivo. Uno habla libremente; el otro comparte rara vez todo lo que está pensando. Puedes ver cómo estas diferencias se desarrollan en el matrimonio, a veces de manera muy complementaria, pero otras veces como una fuente de conflicto y frustración continuos.

Al comienzo de una relación, estas diferencias suelen ser complementarias. Considera, por ejemplo, el compañero que es más expresivo y a quien le gusta compartir sus pensamientos y sentimientos, mientras que el otro es un buen oyente que disfruta procesar las cosas internamente. Esta puede ser una combinación casi perfecta, un ejemplo de cómo los "opuestos se atraen". Esta complementariedad natural puede desarrollarse de manera positiva a lo largo del matrimonio, pero también puede convertirse en una fuente de dolor y conflicto si la pareja no aprende a equilibrar y compensar sus disposiciones naturales. Con el tiempo, el buen oyente puede acumular resentimiento por sentirse no escuchado e incomprendido. Simultáneamente, el comunicador más atractivo puede resentirse por no tener tanta interacción dinámica y retroalimentación como le gustaría para mantener conversaciones vibrantes en su relación.

Como muchas parejas, Margie y yo teníamos temperamentos diferentes pero en su mayoría compatibles. A pesar de nuestra compatibilidad, había ciertas formas en que nuestros temperamentos individuales hacían que fuera más difícil enfrentar y lidiar con los conflictos. Con mi temperamento tranquilo, yo quería que todo fuera armonioso, tranquilo y pacífico. A Margie, con un temperamento extrovertido y amante de la diversión, le gustaba que las cosas fueran agradables y felices todo el tiempo.

Ninguno de nosotros disfrutaba estar en un estado de conflicto sin resolver, lo que significaba que no peleábamos a menudo. Pero cuando se trataba de abordar los conflictos, Margie prefería (para usar sus términos) "enterrar la cabeza en la arena". Eso, por sí mismo, me creó una angustia constante. Preferí abordar nuestros conflictos con calma y resolverlos lo más rápido posible para restaurar la paz y la armonía entre nosotros. A veces, cuando los conflictos no se abordaban adecuadamente, los internalizaba, lo que perturbaba mi tranquilidad y eventualmente la de ella. Esto a veces condujo a conflictos más intensos, que ninguno de nosotros disfrutó.

Los temperamentos constituyen una parte central de la personalidad de cada persona, pero como aclaran los Bennett, los temperamentos no son sinónimo de personalidad. La personalidad es una construcción mucho más amplia que incluye "la totalidad de los pensamientos, comportamientos y emociones de la persona", que forman parte del *carácter* general de una persona. Nuestros temperamentos son los bloques fundamentales de construcción de nuestras personalidades, pero nuestras elecciones, entrenamiento y cultura también tienen un tremendo impacto en nuestra composición general[3].

La personalidad involucra nuestro temperamento innato único (la naturaleza) y nuestras cualidades de carácter adquiridas (la educación). Ambos juegan un papel importante en la dinámica marital. Es extremadamente beneficioso tener una comprensión básica de las cualidades de temperamento y carácter propias y de su pareja antes de contraer matrimonio. Por esta razón, muchos párrocos y consejeros alientan a las parejas a realizar inventarios prematrimoniales y maritales para evaluar las diferencias generales de personalidad, así como otras áreas de compatibilidad. Estos inventarios pueden ayudar a las parejas a comprender y abordar las posibles áreas de conflicto que tarde o temprano surgirán en su relación.

Dos de los más conocidos de estos inventarios son *Foccus and Prepare* (para las parejas comprometidas) y *Refoccus and Enrich* (para las parejas casadas)[4]. También hay otras pruebas de personalidad populares, como Myers–Briggs y la evaluación DISC, que resalta varias facetas clave de la personalidad[5]. Si todavía no has trabajado en ninguno de estos inventarios, te animo a que lo hagas. Luego siéntate con tu párroco o consejero para repasar sus resultados. Comprender tus diferencias básicas de personalidad debería ayudarte a navegar tus conflictos con mayor reverencia y respeto mutuo. Margie y yo no teníamos esto disponibles antes de casarnos. Tuvimos que descubrir gradualmente las diferencias en nuestros respectivos temperamentos y personalidades a lo largo de nuestro matrimonio. Parte de este proceso de descubrimiento fue aprender cómo nuestras *diferencias de género* jugaron un papel importante en nuestra comprensión del mundo.

Las diferencias de género

Hay muchas personas y organizaciones hoy en día que minimizan la importancia del género o quieren negar que haya diferencias entre hombres y mujeres. Pero la popularidad de los libros más vendidos como *Los hombres son de Marte, las mujeres son de Venus* y *Los hombres y las mujeres son del Edén*[6] muestra que muchas parejas casadas están bastante interesadas en comprender las diferencias inherentes entre los sexos. Las investigaciones han validado que existen diferencias fundamentales en la forma en que los hombres y las mujeres se relacionan en el matrimonio[7]. Y las Escrituras destacan estas diferencias en la historia de la creación: "Y creó Dios al hombre a su imagen. A imagen de Dios lo creó. Varón y mujer los creó" (Gn 1:27).

Mientras yo estudiaba la teología del cuerpo, me asombró descubrir el rico significado de los nombres hebreos para hombre y mujer[8]. La palabra *masculino* en hebreo es *zakar*. Literalmente significa "recordar", y habla del llamado del hombre a ser fiel a la alianza de Dios. A lo largo de la historia de la salvación, Dios constantemente llama al hombre a ser el *iniciador de la alianza*. La palabra hebrea para *mujer* es *neqebeh*, que también es rica en significado. Significa "abierto", y habla de la *naturaleza receptiva y nutricia* de la mujer y su papel como *iniciadora de la comunión*. Como observa san Juan Pablo II, no hay mayor comunión humana que la que experimenta una madre con su hijo[9]. ¿Puedes ver cómo el varón que recuerda la alianza protege la vulnerable comunión entre madre e hijo, así como la que existe entre esposo, esposa e hijos?

Un ejemplo de nuestras diferencias de género se hizo evidente cuando nacieron nuestras hijas. Después de haber llevado a estos bebés en su vientre y haberlos dado a luz, el amor de Margie era más íntimo de lo que nunca podría ser el mío. Estaba completamente comprometida y tenía poca preocupación por el futuro en ese momento elevado de alegría. Disfruté de estar presente en los nacimientos de mis hijas y me enamoré de cada una de ellas de inmediato, pero por mucho que lo intenté, no pude experimentar el nivel de comunión que Margie sentía con ellas. Me maravilló la fortaleza de mi esposa durante el trabajo de parto y al dar a luz, y su vínculo con ellas inmediatamente después del nacimiento. Yo también sentí un vínculo, pero era diferente al que experimentaron como madre e hija. Margie estaba dentro de la experiencia y yo participé desde fuera. Por otro lado, experimenté mi identidad como padre de inmediato. Aunque todavía estaba en la escuela, me sentía responsable como el principal proveedor y protector y tenía una visión a largo plazo para sus vidas. Aunque Margie compartía esos papeles por igual, no cargaba con el peso de ellos como yo lo hacía como hombre. Ambos amamos a nuestras hijas, pero de diferentes maneras.

Como hombres y mujeres, tenemos mucho en común en nuestra humanidad. Pero también tenemos muchos atributos que son diferentes debido a nuestro diseño sexual único. Las siguientes son solo algunas de las muchas diferencias entre hombres y mujeres: ADN, anatomía reproductiva, hormonas, estructuras cerebrales, sensibilidades, intuición y capacidades relacionales. ¿Sabías que los cerebros de hombres y mujeres están estructurados de manera diferente? Curiosamente, los hombres tienen un cuerpo calloso más grueso, que es el haz de nervios que divide los hemisferios derecho e izquierdo del cerebro. Esto se debe a la hormona masculina testosterona, que se libera temprano en el desarrollo fetal.

Un efecto de esta diferencia en la composición del cerebro es que los hombres tienen una mayor capacidad para compartimentar. Por lo general, procesamos el intercambio entre pensamientos y sentimientos mucho menos rápido que las mujeres. También nos vemos abrumados en conflictos intensos mucho más fácilmente que las mujeres[10]. Tal vez por eso, como sostienen algunos humoristas, un esposo nunca puede ganar una discusión con su esposa. Ella procesa la información demasiado rápido para que él pueda mantenerse al día. Podemos reírnos de la perspicacia del comediante, pero no es cosa de risa en medio de una discusión intensa. Estas diferencias entre los sexos están destinadas a complementarse entre sí, pero pueden ser una fuente de tremendo dolor y dificultad cuando no se entienden y respetan mutuamente.

Por el contrario, los hombres tienden, en promedio, a ser físicamente más fuertes que sus esposas. Un hombre está naturalmente llamado a ser el protector. Pero esta fortaleza puede convertirse en debilidad cuando un hombre, sintiéndose dominado en medio de un acalorado conflicto, utiliza la intimidación física para dominar y silenciar a su esposa. Claramente esto es un abuso de poder y revela una falta de fuerza interna para honrar la dignidad de su esposa. Si no reconocemos y respetamos estas fortalezas y debilidades individuales, cualquiera de las partes es propensa a hacer un mal uso de su fuerza frente a las debilidades del otro. Por el contrario, cuando se respetan las diferencias, se convierten en fuente de complementariedad y apoyo mutuo.

Las diferencias de género también pueden influir en la forma en que nos relacionamos, incluso en situaciones de bajo estrés. En los inventarios de necesidades maritales, la mayoría de las mujeres informan que la intimidad emocional y la seguridad son sus principales necesidades en el matrimonio. Por el contrario, muchos hombres tienden a usar expresiones no verbales en su búsqueda de conexión. A menudo prefieren la actividad física al intercambio emocional íntimo. Los hombres suelen estar más inclinados a buscar la conexión relacional en actividades físicas como el trabajo y el compañerismo recreativo, y en la satisfacción sexual[11]. Estas diferencias entre la expresión física y emocional están presentes incluso en la niñez. Los estudios comparativos de niños y niñas en situaciones no estructuradas generalmente revelan que es más probable que los niños establezcan vínculos compartiendo actividades físicas, mientras que las niñas tienden más a formar vínculos relacionales a través de la comunicación verbal en grupos pequeños e íntimos[12].

A pesar de estas diferencias generales de género, el doctor Gregory Popcak advierte que no podemos caer en estereotipos. Nota que, en alrededor del 20 por ciento de las parejas casadas, estos patrones de relación parecen invertirse[13]. En estos casos, los maridos son más emocionalmente expresivos, mientras que sus esposas son más no verbales en su búsqueda de conexión emocional. Cada pareja es única. Una de las muchas razones de esta singularidad es que cada uno de nosotros tiene su propia forma de dar y recibir amor. Estas expresiones se conocen como *lenguajes del amor*.

Los lenguajes del amor

El libro de Gary Chapman *The 5 Love Languages* [Los 5 lenguajes del amor] ha sido leído por más de once millones de personas en todo el mundo. Es consistentemente uno de los libros de matrimonio más vendidos en el mercado, lo que indica que ha resonado con muchos. En el, identifica y describe cinco formas diferentes de dar y recibir el amor que afectan la forma en que interactuamos con nuestra familia y amigos. Estos lenguajes del amor son:

1. *Palabras de afirmación:* Usar palabras amables y un tono de voz cariñoso para animar a la otra persona y afirmar su bondad y sus logros.
2. *Dar regalos:* Expresiones concretas de amor en forma de dinero o cosas materiales con el objetivo de satisfacer una necesidad o deseo personal.
3. *Actos de servicio:* Mostrar el amor satisfaciendo necesidades físicas o haciendo cosas prácticas para satisfacer necesidades inmediatas, como cocinar, lavar los platos, pasar la aspiradora o hacer reparaciones en la casa.
4. *Tiempo de calidad:* Estar presente y ofrecer toda la atención como una expresión de amor, como dar un paseo juntos o sentarse y escuchar atentamente.
5. *Contacto físico:* Expresar el amor a través del contacto físico, tomarse de la mano, abrazarse, besarse o hacer el amor sexualmente[14].

Cada uno de nosotros tiene la capacidad de expresar el amor de estas cinco formas. Sin embargo, Chapman propone que cada uno de nosotros tenga un lenguaje primario del amor. He descubierto que la mayoría de las personas también tienen formas secundarias y terciarias de dar y recibir el amor. Estos lenguajes del amor son expresiones de nuestro don espiritual único (ver Rom 12,4–8). Cuando no reconoces estas diferencias en la forma en que cada uno tiene dones, puedes salir de las interacciones sintiéndote no amado y menospreciado.

Como muchas parejas, Margie y yo teníamos diferentes lenguajes primarios del amor. Aunque complementarias, estas diferencias también fueron una fuente de conflicto entre nosotros. A menudo nos extrañamos en nuestro lenguaje del amor principal, pero encontramos lugares para satisfacer las necesidades de amor de cada uno a través de nuestros lenguajes del amor secundarios. Margie tenía un increíble don de *servicio*. Ya sea con nuestra familia o en el trabajo como enfermera, encontró una gran alegría en servir a los demás desinteresadamente, y lo hizo con gran amor. Se preocupaba por las personas de manera muy activa, ya sea cocinando una comida, colocando una vía intravenosa o asistiendo en un parto como enfermera, u ofreciendo una mano amiga a cualquiera que lo necesitara.

Desafortunadamente, el servicio es probablemente el menos prominente de mis lenguajes del amor. Si bien la admiré por eso y me beneficié de su amor por mí y por los demás de esta manera, el servicio no me transmitió afecto. Tampoco me resultó natural amarla bien en esta área que ella valoraba tanto. Tuve que aprender con el tiempo cómo servirla conscientemente de manera que le comunicara amor. Al limpiar la cocina antes de que llegara a casa del trabajo, pude decirle de manera concreta que me preocupaba por ella. Me dijo que se sentía más atraída por mí incluso cuando hacía algún pequeño servicio, como cambiar una bombilla en la cocina (eso te muestra lo pobre que yo era en esta área y lo fácil que era decir “Te amo” en su lenguaje del amor).

Mi principal lenguaje del amor es el *tiempo de calidad*. Soy un buen oyente y amo el tiempo de calidad uno a uno con la gente. Por lo general, me toma un tiempo abrir mi corazón para compartir íntimamente, pero cuando alguien se toma el tiempo para escuchar y estar en sintonía con mis necesidades, disfruto recibir atención de esta manera. También disfruto escuchando mientras comparten. En esos momentos, me siento profundamente amado y conocido. Desafortunadamente, esto no ocupaba un lugar destacado en la lista de lenguajes del amor de Margie. Entonces, a veces no me sentía amado cuando ella no venía y se sentaba y entablaba una conversación profunda o participaba en una de mis actividades favoritas. A veces, esto me creaba una sensación de soledad en nuestra relación. Yo quería compartir profundamente juntos, pero ese no era un deseo natural para Margie.

Afortunadamente, éramos una buena pareja en nuestros lenguajes del amor secundarios, el *contacto físico*. Desde el comienzo de nuestra relación, ambos disfrutábamos tomados de la mano, acurrucados en el sofá, besándonos y abrazándonos. Aunque con frecuencia no satisfacíamos las necesidades de los demás en nuestros lenguajes del amor principales, lo compensamos a través de este lenguaje del amor secundario del tacto. Esta es una de las cosas que más echo de menos desde que Margie falleció: simplemente sentarme a su lado y sostener su mano.

Descubrir el lenguaje del amor de la otra persona, junto con las diferencias de personalidad y género, evita muchos conflictos y malentendidos innecesarios. Entonces, antes de continuar, tómate un momento para ver en qué se diferencian tú y tu cónyuge en estas áreas. Luego identifica algunos de los problemas críticos de conflicto en tu matrimonio, que abordaremos en la segunda parte de este capítulo.

Tómate un momento

1. Describe tus diferencias de personalidad. ¿Cómo influyen tu temperamento y diferencia de género en la forma en que abordas los conflictos en tu relación?
2. ¿Cuál es tu principal lenguaje del amor? ¿Cuál es el lenguaje del amor de tu cónyuge? ¿De qué manera son estos complementarios? ¿Cómo estas diferencias en los lenguajes del amor crean conflictos entre ustedes?
3. ¿Cuáles son los asuntos críticos en tu matrimonio que amenazan la unidad? ¿Qué conflictos son repetitivos en tu matrimonio?

Cuestiones críticas

Al final de la vida de Margie, todavía teníamos muchos conflictos sin resolver entre nosotros, aunque nuestra capacidad para honrarnos y respetarnos mutuamente creció enormemente a lo largo de los años a pesar de todas estas diferencias. Algunos de nuestros conflictos se originaron en diferencias de personalidad, algunos en diferencias de género y otros en diferentes valores y estilos de vida. Detrás de todo esto estaban nuestros "problemas ocultos más profundos", que Gottman identifica como los más críticos en el matrimonio. Estos temas ocultos más profundos incluían nuestras respectivas áreas de egoísmo, pecados y heridas. Estos problemas subyacentes alimentaron los conflictos superficiales y los hicieron mucho más intensos y dolorosos.

La mayoría de las parejas tienen dificultades para aceptar, honrar y negociar las diferencias cuando se trata de estos "problemas ocultos más profundos". Nuestra naturaleza caída tiene un núcleo básico de egocentrismo que obstaculiza nuestra capacidad para reconciliar nuestras diferencias y volvernos más unificados. También traemos al matrimonio toda una vida de vicios acumulados y comportamientos egoístas que deben ser abordados y confrontados en los conflictos cotidianos que inevitablemente surgen. Es de vital importancia reconocer estas áreas. Al confrontarlos, nos damos cuenta de que cada uno de nosotros tiene heridas significativas y áreas de pecado que deben ser sanadas y perdonadas antes de que podamos hacer las paces con estos problemas irresolubles.

Tú y tu cónyuge tienen miles de diferencias entre ustedes, pero solo una pequeña cantidad de ellas son fundamentales para su bienestar general como pareja y familia. Identificar estos problemas críticos te ayudará a ver qué te impide disfrutar de una mayor conexión y unidad. Descubrir las raíces subyacentes de tus conflictos repetitivos también revelará dónde tus heridas y tus pecados no sanados continúan socavando tu matrimonio. Muchos autores identifican listas de temas críticos en el matrimonio que pueden hacer o deshacer una relación. Los "tres grandes" que enumeran muchos comentaristas son el *dinero*, el *sexo* y la *crianza de los hijos*. Estos tres temas son críticos porque afectan tu sustento, tu realización relacional y tu armonía familiar. Y los tres tienen un impacto significativo en tu unidad marital.

Puedes o no tener sentimientos fuertes sobre cada uno de estos temas. Pero incluso si tus valores sobre estos temas son relativamente compatibles, aún tendrás algunas diferencias fundamentales en la forma en que abordas estas tres áreas. Además de las diferencias en personalidad, género y lenguajes del amor, cada uno de ustedes estuvo influenciado por la forma en que su familia de origen manejó estos asuntos. Sin darte cuenta del todo, internalizaste los valores de cómo responder a estos problemas en la atmósfera de tu hogar, escuela, iglesia y subcultura mientras crecías. Cierto grado de conflicto es casi inevitable debido a las diferencias en tu educación, personalidad y perspectivas. Además, estos conflictos pueden volverse acalorados y problemáticos cuando están contaminados por las áreas individuales de egocentrismo, pecados y heridas emocionales.

Margie y yo tuvimos conflictos relacionados con estos tres temas críticos (el sexo, la crianza de los hijos y la administración del dinero). Aunque éramos fundamentalmente compatibles en nuestra relación sexual debido a nuestro lenguaje del amor compartido del tacto, llevé algunos conflictos internos sobre la sexualidad a nuestro matrimonio. Llevé heridas de inseguridad y desconfianza a nuestra relación por la infidelidad de mi padre y las traiciones de mis dos primeras novias. Durante los primeros diez años de nuestro matrimonio, tuve pesadillas repetitivas sobre la infidelidad de Margie. Con el consuelo de Margie, finalmente me di cuenta de que mi conflicto no era con ella, sino dentro de mí, proveniente de un trauma pasado.

Después de una temporada de intensa exploración, descubrí que estos traumas no sanados iban acompañados de una falta de perdón. Estos fueron los problemas más profundos que subyacen en esta área de conflicto. Yo estaba proyectando mis miedos de ser traicionado en Margie y tratando egoístamente de controlar sus relaciones con los hombres como una forma de protegerme de ser lastimado nuevamente. No fue hasta que Dios sanó estas profundas heridas de traición y abandono de mi niñez que pude dejar mi inseguridad y confiar en su fidelidad.

Con respecto a la crianza de los hijos, Margie y yo tuvimos relativamente pocos conflictos en los primeros años de la vida de nuestros hijos. En su mayor parte, criamos bien juntos. Pero nuestros conflictos aumentaron significativamente cuando nuestras hijas se convirtieron en adolescentes y comenzaron a rebelarse a veces. Cuando nuestras hijas actuaron irrespetuosamente hacia su madre, no pude corregirlas. Peor aún, las animé a expresarse, lo que enfureció aún más a Margie. Una vez más, tuve que mirar dentro de mi propio corazón antes de poder abordar este problema de manera efectiva con Margie. Después de orar y examinarme a mí mismo, me di cuenta de que esta era un área de pecado encubierto en mi vida que se originó en mis propios años de adolescencia.

Después de que mi papá se fue, mis hermanos y yo actuamos irrespetuosamente hacia mi mamá. Sin ver la conexión al principio, yo estaba dejando que nuestras hijas le faltaran el respeto a su madre de una manera similar. Injustamente me puse del lado de ellas en su ira en lugar de estar en unidad con mi esposa. Una vez que me di cuenta de esto, tuve que disculparme con Margie (y con Dios) y defender su honor y su autoridad al disciplinar a nuestros hijos cuando le faltaban el respeto a su madre. Antes de ver mi parte en esta dinámica, teníamos muchas discusiones sobre la crianza de nuestras hijas adolescentes. Una vez que hice el cambio en mis pensamientos y comportamiento, la falta de respeto en nuestro hogar disminuyó significativamente, al igual que los conflictos entre Margie y yo.

Finalmente, en el área de la administración del dinero, tuvimos conflictos continuos a lo largo de nuestro matrimonio. Margie disfrutó de las compras. Pero no le gustaba hacer un seguimiento de sus gastos y no le importaba usar una tarjeta de crédito. Yo odiaba las deudas, manejaba el dinero de forma conservadora y me gustaba dar dinero a los necesitados en lugar de comprar más para nosotros. A Margie le molestaba que yo diera dinero a otros cuando teníamos necesidades no satisfechas como familia. Periódicamente, estos problemas estallaban en discusiones acaloradas. Pagar nuestras facturas a fin de mes parecía ser un detonante para ambos.

Después de muchos intentos fallidos de resolver este problema, finalmente crecimos en la comprensión de las perspectivas, personalidades y heridas de cada uno. Naturalmente, Margie estaba más inclinada a gastar que yo. Pero ese no fue el factor más importante en nuestros conflictos. Ella compartió conmigo su experiencia de ver a sus padres pelear por las facturas cuando era niña. Su madre gastaba dinero libremente, a menudo comprando ropa para ella y sus hijos con una tarjeta de crédito. Su padre le preguntaba lacónicamente a su madre sobre el uso de la tarjeta de crédito, y Margie los veía peleándose por el dinero. Al estar resentida con su padre por eso, sin darse cuenta proyectó sus resentimientos hacia su padre en mí cuando le pregunté sobre los recibos y las cuentas de las tarjetas de crédito.

Por mi parte de este problema, me di cuenta de que mi mamá, a quien dejaron sin ingresos, acumuló deudas después de que mi papá se fue. Me di cuenta de que esto influía en mi actitud temerosa hacia las deudas y los gastos desenfrenados. También aumentó mi compasión por aquellas familias que no tienen suficiente, lo que fomentó mi deseo de dar a los necesitados. Estas realizaciones ayudaron a quitar gran parte del calor y los juicios de nuestros conflictos, aunque los conflictos mismos nunca desaparecieron hasta los últimos meses de nuestro matrimonio, cuando el único gasto era en visitas al médico.

Estos "tres grandes" temas críticos del sexo, la crianza de los hijos y el dinero pueden o no ser temas candentes en tu matrimonio. Pero puedo asegurarte de que tienes algunos problemas críticos en tu matrimonio que deben pasar por un examen similar. Estos temas críticos pueden incluir amigos, parientes, administración del tiempo, participación en el trabajo, afecto fuera del dormitorio, limpieza, honestidad, adicciones, infidelidad, etcétera[15]. Estos son problemas típicos en el matrimonio, pero pueden quedar sin resolver debido a las actitudes de fondo que alimentan el conflicto y lo convierten en un área problemática en tu relación. Estas actitudes fundamentales de fondo, como he estado demostrando, a menudo están ocultas a nuestra vista. Implican nuestras heridas no sanadas, nuestros pecados no confesados y nuestros patrones habituales de egocentrismo. Sanar y perdonar estas actitudes fundamentales subyacentes son las claves para desbloquear tus conflictos maritales y construir la unidad en tu relación.

Los problemas relacionales subyacentes

Durante mi primer año en la escuela de posgrado, aprendí algo de sabiduría que siguió siendo invaluable a lo largo de mi matrimonio y me sirvió mucho en mi carrera como terapeuta familiar. No recuerdo la fuente de la cita, pero la frase está grabada en mi mente: "Si una discusión dura más de quince minutos, puedes estar seguro de que el *contenido* ya no es el problema; la *relación* se ha convertido en el problema". El *contenido*, a lo que Gottman se refiere como los problemas superficiales, involucra las áreas temáticas de diferencia que debe abordar para llegar a algún nivel de acuerdo. Pero detrás de estos temas de actualidad, sin importar cuáles sean, permanece toda una historia de relaciones, pasadas y presentes, incluyendo tu familia de origen, amistades anteriores y relaciones de noviazgo, y toda la historia de tu relación con tu cónyuge. Estos problemas relacionales subyacentes son lo que Gottman quiso decir cuando habló sobre los *problemas ocultos más profundos que causan el mayor dolor*. Aquí es realmente donde surgen los problemas en el matrimonio.

¿Has notado esta realidad en tus conflictos? Puedes comenzar hablando sobre un problema que debe abordarse, pero en poco tiempo te encuentras enfocándote en el carácter del otro y en toda una historia de interacciones dolorosas pasadas en torno a este tema. No se puede resolver el contenido del problema porque la dinámica de la relación sigue siendo un obstáculo en el camino. Creo que todos nosotros hemos experimentado estos problemas subyacentes repetidamente en nuestras relaciones. El verdadero desafío es cómo nos reverenciamos el uno al otro cuando nuestras necesidades y valores individuales se ven amenazados. La mayoría de nosotros queremos hacerlo mejor, pero tenemos toda una historia de problemas sin resolver que nos frenan.

Cada uno de nosotros tenemos heridas emocionales sin sanar que trajimos al matrimonio. También tenemos toda una historia de actitudes y comportamientos egocéntricos que socavan nuestro amor mutuo. En resumen, somos un hermoso desastre. Es un milagro que cualquiera de nosotros supere el matrimonio, considerando todo lo que debemos enfrentar en el camino. Pero nos guste o no, esta es la realidad de vivir en un mundo roto. Puedes culpar a tu cónyuge, pero solo empeorará las cosas. Puedes culpar a Adán y Eva, quienes comenzaron todo con su rebelión, pero todo lo que necesitas hacer es mirarte en el espejo para ver que nos parecemos más a ellos de lo que queremos admitir. Cada vez que no confías en Dios y haces las cosas a tu manera, tú y tu cónyuge se convierten en una copia de esa primera pareja que decidió que sabían más que Dios. Como ellos, puedes culpar a Dios o a Satanás, pero en el fondo todos sabemos que jugamos el papel más importante en nuestros problemas.

Creo que una de las razones por las que no asumimos toda la responsabilidad de nuestra parte en los conflictos es que nos sentimos impotentes para hacer algo diferente y nos avergonzamos de nuestro propio comportamiento. ¿Puedes identificarte con san Pablo en este sentido? "No entiendo mis propios actos: no hago lo que quiero y hago las cosas que detesto . . . No soy yo quien obra el mal, sino el pecado que habita en mí" (Rom 7:15, 17).

Me encanta cómo san Pablo reconoce su fracaso en amar y seguir la voluntad de Dios, mientras mantiene su identidad aparte de su pecado. No se deja definir por la vergüenza: "No soy yo quien obra el mal, sino el pecado que habita en mí". Todos necesitamos enfrentar nuestros pecados y fallas, pero somos mucho más que nuestros pecados y fallas. San Juan Pablo II proclamó este mensaje al mundo entero durante la Jornada Mundial de la Juventud en Toronto en 2002: "*No somos la suma de nuestras debilidades y fracasos;* somos la suma del amor del Padre por nosotros y nuestra capacidad real de convertirnos en imagen de su Hijo"[16].

Es humillante enfrentar nuestras debilidades y nuestra incapacidad para amarnos bien. Yo deseaba amar a Margie mucho más que antes. Mi egoísmo, pecados y heridas se interpusieron en el camino de ser el esposo que siempre quise ser. Asimismo, deseaba ser amado por ella mucho más de lo que ella era capaz. Ambos quedamos lamentablemente lejos de ser cónyuges perfectos. Si la historia terminara ahí, nos habríamos dado por vencidos en vano y habríamos hecho lo que saciaba nuestras necesidades. Eso es lo que hace gran parte del mundo, porque no conocen el amor y la misericordia de Dios. Como seguidores de Cristo, tenemos la seguridad de la misericordia y la gracia de Dios. Es real y poderoso y se nos da gratuitamente a través de los sacramentos. Por su gracia podemos permanecer devotos, incluso frente a nuestras debilidades y fracasos en el amor.

En el próximo capítulo, hablaremos sobre cómo aplicar la misericordia y la gracia de Dios para sanar nuestros corazones y matrimonios. Mientras te preparas para esos remedios, te animo a reflexionar sobre los problemas críticos de tu matrimonio y los problemas relacionales más profundos que subyacen a estos conflictos. Las preguntas de reflexión y la actividad para parejas te guiarán a través del proceso de examinar tus conflictos.

Tómate un momento

1. Identifica un conflicto recurrente en tu relación.
2. ¿Cuál es el tema del *contenido*? Escribe los diferentes puntos de vista sobre esta área de conflicto.
3. ¿Cuáles son los *problemas relacionales* subyacentes que te impiden resolver este problema? ¿Qué se necesitaría para que este problema relacional sea sanado y reconciliado?

Actividad para parejas: el conflicto marital y sus heridas centrales

Como viste en los ejemplos a lo largo del capítulo, a menudo hay heridas profundas y pecados ocultos que yacen detrás de cada conflicto marital repetitivo. Pero debido a que están ocultos, necesitamos ayuda para descubrirlos. Al participar en esta actividad, te animo a que pidas al Espíritu Santo que te ayude a ver estos problemas ocultos dentro de ti y de tu compañero. Al explorar estas heridas y pecados ocultos, hazlo con comprensión y compasión.

La reflexión personal

1. Comienza reflexionando personalmente sobre cómo percibes tu conflicto marital. Míralo claramente en tu imaginación. Si hicieras un dibujo de ustedes interactuando durante un conflicto, ¿cómo representarías a cada uno de ustedes en la discusión? En el ojo de su mente, pon atención a lo que cada uno de ustedes está expresando de manera no verbal a través de la postura corporal y expresiones faciales.
2. Una vez que puedas imaginarte a ambos en la escena, nombra los sentimientos que observas en los rostros y las posturas corporales. Escribe lo que crees que cada uno de ustedes está sintiendo.
3. Ahora pídele al Espíritu Santo que te muestre cuándo tuviste sentimientos similares cuando era niño o adolescente. Imagina una

película o ilustración que te represente como un niño o adolescente en una interacción en la que tus padres, parientes, maestros, entrenadores, hermanos, amigos o alguien del sexo opuesto te lastimaron emocionalmente. ¿Que ves? ¿Cómo te sientes? (es posible que desees dibujar o imaginar esto para poder visualizarlo.)

4. Escribe lo que viste y sentiste en la escena anterior y compáralo con tus sentimientos y acciones en el conflicto marital.

El compartir de la pareja

1. Una vez que ambos hayan completado la primera parte de la actividad por su cuenta, oren para que el Espíritu Santo los guíe al compartir sus imágenes y experiencias.
2. Primero, túrnense para compartir sus imágenes de su conflicto marital y lo que escribieron sobre cómo percibieron lo que cada uno sintió en el conflicto.
3. Recuerden que el propósito de esta actividad es crecer en comprensión y compasión.
4. Luego, cada uno de ustedes se turna para compartir su experiencia de haber sido herido emocionalmente en la niñez o la adolescencia.
5. Compartan cómo se sintieron en esa situación cuando eran más jóvenes.
6. Describan su interpretación de cómo sus heridas centrales juegan en su conflicto marital actual.
7. Escúchense el uno al otro describir sus heridas centrales y sentimientos. Permítanse sentir compasión en las áreas de sus heridas.
8. Oren juntos y pídanle a Jesús que los sane a ambos de estas heridas profundas y de las heridas que se han causado mutuamente en el matrimonio como resultado de sus conflictos.

9

LA SANACIÓN Y EL PERDÓN

Sean compasivos como [también] su Padre es compasivo.

—Lucas 6:36

Como hablamos en el capítulo anterior, la mayoría de los conflictos en el matrimonio son *irresolubles* por una de dos razones. La primera y más obvia razón es que estos conflictos reflejan nuestras diferencias intrínsecas en personalidad, valores y estilo de vida. No importa cuánto nos esforcemos, no podemos cambiar a nuestro cónyuge ni cambiarnos a nosotros mismos para ajustarnos a las expectativas de nuestro cónyuge. Nuestros intentos de hacerlo violan su dignidad inherente, así como la nuestra, y por lo tanto dañan a ambas personas.

La unidad solo puede lograrse a través del amor que te das a ti mismo. Crecerás en la comunión con tu cónyuge solo en la medida en que ustedes se traten con respeto y con un deseo genuino de establecer un trabajo en equipo cooperativo. Frente a sus muchas diferencias, el trabajo en equipo crece a medida que ustedes eligen someterse a la voluntad de Dios y combinar sus diferencias a través de la sumisión mutua. Como todos sabemos por experiencia, someter nuestra voluntad puede ser muy desafiante. Inevitablemente nos topamos con nuestro egocentrismo y nuestras heridas emocionales no sanadas.

Esta es la segunda y más preocupante razón por la que muchos de nuestros conflictos siguen sin resolverse. Nuestros corazones heridos y nuestras debilidades de carácter hacen que sea extremadamente difícil relacionarnos con amor, especialmente durante un conflicto intenso.

Estas debilidades de carácter revelan las áreas en las que aún no hemos madurado en nuestra capacidad de amar. De manera similar, nuestras heridas emocionales no sanadas interfieren con nuestra capacidad de confiar en el amor, incluso cuando se ofrece libre y fielmente. Después de años de lastimarnos e internalizar estas heridas, actuamos como dos puercoespines tratando de aparearse. La autoprotección bloquea nuestra capacidad de ser vulnerables. Hasta que busquemos la sanación de estas heridas, poco podemos hacer más que protegernos de más daño mientras nos mantenemos a una distancia segura de aquel a quien le prometimos nuestra devoción de todo corazón.

Ya sea que estés consciente de ello o no, tú y tu cónyuge han tenido muchas experiencias en las que no fueron tratados con tierno amor y respeto. A lo largo de tu vida, no has recibido la atención y el cariño completos que necesitas para prosperar. De hecho, a veces recibiste justo lo contrario de amor nutritivo. Esto puede haber llegado en forma de rechazo, violación, traición o abandono. Ya sea que esas privaciones de amor ocurrieron en la niñez, en relaciones íntimas anteriores o en tu matrimonio, te han afectado mucho más de lo que probablemente se dés cuenta. Estas heridas del alma han afectado tu capacidad de confiar completamente tu corazón a tu cónyuge. Lamentablemente, algunas de tus heridas más profundas pueden provenir de las personas más cercanas, incluido tu cónyuge, lo que hace que sea aún más difícil confiarles completamente tu corazón. Tus propias acciones y malas respuestas a estas heridas solo han empeorado las cosas.

Si dejas que se agraven, las heridas emocionales pueden convertirse fácilmente en caldo de cultivo para la amargura y el resentimiento. Cuando permitimos que estos resentimientos se acumulen, nuestro corazón eventualmente se vuelve insensible. Dejamos de ser amables, compasivos y perdonadores, como lo es Cristo (ver Ef 4:32). En cambio, nos tratamos con indiferencia o incluso con desdén. Aunque afirmamos ser seguidores de Cristo, terminamos actuando con la mente entenebrecida y el corazón encallecido (ver Ef 4,17–19). Las mentiras oscurecen nuestras mentes. Y nuestros corazones se endurecen cuando no enfrentamos nuestras heridas y lidiamos con la ira que las acompaña de una manera constructiva. Al rechazar su amor misericordioso y sanador, cedemos a patrones destructivos de relación.

Esta, creo, es la preocupación que san Pablo aborda en su carta a la iglesia en Éfeso: "No salga de sus bocas ni una palabra mala, sino la palabra justa y oportuna que hace bien a quien la escucha . . . Arranquen de raíz de entre ustedes disgustos, arrebatos, enojos, gritos, ofensas y toda clase de maldad" (Ef 4,29, 31). Estas actitudes y comportamientos—amargura, furia, ira abusiva, gritos, lenguaje grosero e insultos—son destructivos en cualquier relación, pero especialmente en el matrimonio, dañan la confianza y obstaculizan la unidad.

Actitudes y comportamientos destructivos

Podemos decir cuánta sanación necesitamos (de heridas pasadas y actuales) observando la forma en que interactuamos en nuestros conflictos maritales. Aquí hay algunas preguntas para que consideres al examinar cómo respondes cuando estás en el calor del conflicto:

- ¿Muestras honor y respeto, incluso cuando estás herido y enojado?
- ¿Tus palabras y acciones se fortalecen o se destruyen entre sí?
- ¿Eres honesto o escondes tus pensamientos y sentimientos?
- ¿Dices y haces cosas de las que luego te arrepientes?
- ¿Sueles salir de tus desacuerdos sintiéndote más cerca o más alejado?
- ¿Dejas el conflicto animado o desanimado?

Si sales de tus conflictos maritales sintiéndote irrespetado, destrozado, desanimado y más distante, estos son indicadores seguros de que tanto tú como tu cónyuge necesitan una sanación emocional y espiritual más profunda. Eso no debería sorprenderte. En este mundo caído, todos necesitamos más sanación. Algunos de nosotros necesitamos una cantidad considerable de sanación antes de que podamos tener el tipo de intimidad y unidad que deseamos en nuestro matrimonio.

En su investigación sobre la dinámica marital, Gottman observó cuatro actitudes y comportamientos comunes que inevitablemente debilitan y eventualmente destruyen los lazos de amor y unidad en el matrimonio. Observó que todas las parejas que estudió exhibían estos patrones destructivos de vez en cuando. Sin embargo, cuando las parejas se estancan crónicamente en estos patrones, es una señal de que el matrimonio está en peligro y necesita ayuda inmediata.

Estos son los cuatro patrones destructivos que identifica Gottman:

- La **crítica:** una evaluación negativa del carácter de la otra persona. Ejemplos: acusaciones, insultos, burlas, difamación, culpar, juzgar.
- El **desprecio:** actitud de superioridad llena de repugnancia; es una actitud de despreciar y menospreciar a tu compañero. Ejemplos: burlas, ojos en blanco, sarcasmo, comentarios denigrantes, resentimientos, altanería.
- La **actitud defensiva:** una respuesta de autoprotección para estar en el extremo receptor de un ataque. Se intensifica en lugar de resolver el conflicto. Ejemplos: negación, autocompasión, lloriqueo, jugar a la víctima, comportamiento de autojustificación, ignorar, no reconocer la queja, alejarse.
- El **bloqueo:** desconectarse emocionalmente del conflicto y construir una fortaleza de autoprotección alrededor de tu corazón. Por lo general, se desarrolla con el tiempo, después de que los otros tres patrones se hayan afianzado. Ejemplos: desconexión emocional, evitar la interacción, alejarse en un conflicto, cerrarse, desenamorarse, permanecer callado[1].

Estos patrones destructivos son evidencia de nuestras debilidades de carácter como resultado de nuestro pecado y egocentrismo. Cuando nos damos cuenta de estos patrones destructivos en nosotros mismos, debemos aprender a reconocer humildemente nuestras actitudes y los comportamientos de fondo que contribuyen a ellos, y luego reparar el daño que hemos causado lo más rápido posible con nuestro cónyuge. Esta es la manera de restaurar efectivamente la confianza (el tema del próximo capítulo). Pero además de abordar nuestras acciones y actitudes, también debemos enfrentar la historia de las heridas emocionales no sanadas que subyacen a estos patrones y que se ven exacerbadas por ellos.

Nuestras acciones y actitudes destructivas no aparecieron de la nada cuando nos casamos. Son debilidades de carácter que se han desarrollado a lo largo de la vida. Por lo general, comienzan temprano en la vida en respuesta a nuestras heridas emocionales. Imagina a un niño siendo criticado y menospreciado. Puede que no sea capaz de defenderse en el momento, pero aprende que la crítica es un patrón normal de comportamiento, porque es un modelo para él. Simultáneamente, desarrolla una actitud de desprecio hacia quien lo hiere y construye muros alrededor de su corazón para protegerse de nuevos ataques. A medida que crece, estos comportamientos entran en juego en sus interacciones con hermanos y amigos. Cuando más tarde comienza a salir y entablar relaciones íntimas, estos patrones de agresión y autoprotección se afianzan aún más. Han sido cultivados por años de ignorar las heridas y aferrarse a los resentimientos. Si estas heridas en la niñez, la adolescencia y las citas son lo suficientemente graves, entonces los muros de autoprotección se convierten en fortalezas, bloqueando el amor.

Como he señalado a lo largo de este libro, no podemos sanar nuestra relación marital sin sanar también estas heridas emocionales que trajimos al matrimonio. A muchos de nosotros nos cuesta identificar y reconocer cómo nuestro corazón fue herido. Pero podemos percibirlo al observar nuestros conflictos irresolubles actuales. Nuestras heridas se vuelven más evidentes en aquellos asuntos en el matrimonio en los que nos encontramos reaccionando exageradamente en el calor del conflicto.

Reacciones exageradas al conflicto

Todos estamos familiarizados con situaciones en las que reaccionamos irracionalmente ante una situación de daño percibido. Ya sea que nuestra reacción sea temerosa y retraída o enojada y agresiva, nos aleja del amor y obstaculiza nuestra capacidad de confiar. A veces, estas reacciones son obvias para quienes nos rodean, pero otras veces estas reacciones exageradas están ocultas e internalizadas. En cualquier caso, debemos reconocer que nuestras reacciones son más fuertes que las circunstancias que nos desencadenaron. Aunque puede parecernos una situación de vida o muerte, rara vez es tan crítica como se siente en el momento.

Sintiéndonos abrumadoramente angustiados, actuamos durante el conflicto y dejamos a nuestro cónyuge sintiéndose degradado o abandonado. Por difícil que sea para nosotros reconocerlo, terminamos hiriendo a nuestro cónyuge porque no hemos enfrentado nuestro propio sufrimiento. El padre Richard Rohr expresa sucintamente esta realidad: "Si no transformas tu dolor, siempre lo transmitirás"[2].

Heriremos a nuestro cónyuge en la medida en que no hayamos tratado con nuestras heridas emocionales no sanadas. Esa es una realidad aleccionadora en el matrimonio. En mi relación con Margie, ambos reaccionamos exageradamente en muchos tipos de situaciones. En cada uno de estos, sin proponérnoslo, nos hacemos daño el uno al otro en el proceso. Mencioné algunos en el capítulo anterior, pero esos no eran los problemas más importantes en nuestro matrimonio. El problema más grande y doloroso que amenazó nuestra comunión fue mi reacción exagerada a sus fiestas y nuestra incapacidad de encontrarnos con nuestro dolor escondido. Mis reacciones a ella bebiendo cerveza y festejando con amigos fueron mucho más extremas de lo que deberían haber sido. Sin embargo, no importaba lo mucho que yo intentara controlar mis respuestas, seguía reaccionando de formas que nos lastimaban a ambos.

Cada vez que Margie abría una cerveza o salía de fiesta con sus amigos, los cuatro patrones destructivos (la *crítica*, el *desprecio*, la *actitud defensiva* y el *bloqueo*) estaban presentes en mi mente y corazón. Aunque rara vez expresaba mis reacciones en voz alta (después de nuestros primeros años de matrimonio), Margie aún sentía el impacto de mis respuestas no verbales. Esta es un área con la que luchamos durante muchos años en nuestro matrimonio y una de las razones por las que tuvimos pensamientos de divorcio cuando teníamos poco más de treinta años.

Este problema se intensificó unos años después de nuestro matrimonio, cuando yo estaba en la escuela de posgrado y nuestras hijas tenían menos de tres años. Margie comenzó a salir de fiesta con sus amigos como su principal forma de recreación. Desde el principio le dije que no me gustaba y que quería que se detuviera. Pensé que el problema era todo suyo. Ambos teníamos familiares que eran adictos a las drogas y al alcohol, por lo que era un gran problema para mí, pero yo no entendía por qué estaba reaccionando con tanta intensidad. Cuando ella no puso atención a mi preocupación, me enojé internamente y me esforcé más para que se detuviera, pero nada de lo que dije pareció hacer ninguna diferencia. Solo se fue de nuestras discusiones sintiéndose condenada y como si yo estuviera tratando de controlar su comportamiento (lo cual era cierto). Mis intentos de cambiar su comportamiento solo empeoraron las cosas. Al darme cuenta de que no me estaba explicando muy bien, dejé de intentar decirle cómo me sentía y qué necesitaba. En cambio, reprimí mi ira. Con el tiempo, mi resentimiento creció y, finalmente, mis sentimientos de impotencia se convirtieron en resignación en esta área de nuestra relación.

Sin ser completamente consciente de ello, comencé a demostrar las cuatro actitudes y comportamientos destructivos cuando interactuaba con ella sobre este tema. Formé juicios sobre el carácter de Margie y comencé a verla a través de los filtros de mis percepciones negativas de ella cuando bebía (la *crítica*). En poco tiempo, comencé a actuar con superioridad moral y resentimiento hacia ella cada vez que surgía este conflicto (el *desprecio*). Cada vez que ella intentaba abordar mis acciones, me justificaba y me defendía y luego me alejaba (la *actitud defensiva*). Eventualmente, mis respuestas llevaron a la abstinencia y tratamientos silenciosos, y cierre de mi corazón (el *bloqueo*).

En medio de uno de estos conflictos alrededor de cuatro años después de nuestro matrimonio, recuerdo haber pensado para mí mismo: "Me estoy desenamorando". Y, sin embargo, en ningún momento de todo esto me detuve a considerar que esto podría ser un tema reactivo en mi vida debido a mis heridas de la niñez (debido a la adicción al alcohol de mi papá y la adicción a las drogas de mi hermano). Yo estaba convencido de que Margie era el problema (debido a su historial familiar de adicción) y todo lo que tenía que hacer era lograr que cambiara su comportamiento y todo mejoraría. No fue hasta después de nuestra crisis matrimonial y mi posterior encuentro con el Espíritu Santo que comencé a ver que tenía heridas de la niñez que contribuyeron mucho a estos conflictos.

Las heridas de la niñez

Ahora me parece obvio, pero hasta mediados de los treinta ignoraba casi por completo que yo tenía heridas sin cicatrizar que afectaban a nuestro matrimonio (yo debería haberlo sabido mejor ya que era terapeuta, pero ahora me doy cuenta de que era un área en la que permanecía en negación para protegerme de un dolor intenso). Específicamente, no tenía idea de cuán fuertemente conectada estaba mi reacción a la bebida de Margie con mis sentimientos de miedo y abandono con mi papá y mi hermano Dave debido a sus adicciones al alcohol y las drogas.

El simple hecho de ver a Margie abriendo una cerveza provocó dolorosos sentimientos de rechazo, abandono, impotencia y miedo. Para mí, a nivel inconsciente, beber significó una *pérdida traumática*, porque mi papá se fue cuando yo tenía trece años y atribuí su partida a la bebida. También significaba *la infidelidad y la traición*, porque mi papá le era infiel a mi mamá cuando estaba intoxicado. Esta conexión entre la bebida y el miedo a la infidelidad se vio reforzada por mi propio comportamiento en la escuela secundaria. Me encontré siendo muy amoroso con las chicas (en la escuela secundaria) cuando bebía demasiado.

Sin saberlo, yo estaba proyectando todas estas fuentes de dolor y ansiedad sin resolver en Margie cada vez que bebía. Hay una triste ironía en todo esto. Para Margie, beber tenía una connotación muy diferente. Pero me llevaría muchos años comprender que su afición por la bebida estaba arraigada en recuerdos muy positivos de su padre. Aunque su papá normalmente no era afectuoso con ella durante su niñez, la única gran excepción era cuando bebía algo después de llegar a casa del trabajo todos los días. Todas las noches, se sentaba bajo la sombra de un gran árbol en su patio trasero y tomaba una Budweiser. Era una parte tan importante de su vida que todos lo llamaban "Bud". Debido a que él era más cariñoso y accesible después de unas cervezas, estos eran algunos de los recuerdos favoritos de Margie con su padre (¿es sorprendente que la cerveza favorita de Margie también fuera Budweiser?).

Margie y yo teníamos dos respuestas completamente diferentes a la bebida de nuestros padres. Para Margie, con su personalidad de "vida de la fiesta" y cálidas experiencias con su papá, beber era una forma de divertirse, acercarse y ser afectuoso. Esta fue la asociación que llevó inconscientemente a nuestro matrimonio. A diferencia de mí, ella no había sido herida por la bebida de su padre. De hecho, se sentía más amada por su papá cuando se tomaba unas cervezas. Ella no podía entender por qué me amenazó con su forma de beber y por qué no tomé una cerveza y me senté bajo la sombra de un árbol y me volví más afectuoso con ella. En cambio, hice todo lo contrario, lo que la dejó sintiéndose rechazada y sola. Esto aprovechó las heridas de su padre cuando no estaba bebiendo.

Yo también me sentía rechazado y abandonado cada vez que ella bebía. En mi mente, bien podría haber estado escupiendo en mi cara. Me sentí deshonrado y traicionado. Una alarma interna sonaba dentro de mí. Se sentía como una gran amenaza para mi supervivencia. En el fondo, sin darme cuenta, tenía miedo de que ella me fuera a ser infiel y me dejara cuando bebía en fiestas con sus amigos. Fue solo al caminar a través de mi proceso de sanación que pude ver estos factores desencadenantes y comenzar a arrancar las heridas mortales de mi corazón.

Ofrezco todo esto como una forma de reflexionar cuidadosamente sobre las áreas de reacción exagerada en tu relación y cómo están conectadas con tus heridas emocionales. Tómate un momento para considerar cómo estas reacciones exageradas tienen sus raíces en las heridas de la niñez y, en consecuencia, se han manifestado en tu relación.

Tómate un momento

1. ¿Cuáles de los cuatro patrones destructivos (la crítica, el desprecio, la actitud defensiva y el bloqueo) son evidentes en ti y en tu cónyuge durante conflictos acalorados?

2. ¿Puedes identificar las heridas subyacentes a esos problemas cuando reaccionas de forma exagerada en un conflicto? (pídele al Espíritu Santo que te las revele).
3. Describe las asociaciones inconscientes que haces en estas áreas de conflicto. ¿Qué crees que te hace reaccionar? ¿Qué temes que pase? ¿Qué juicios has hecho sobre tu cónyuge?

Los juicios temerosos

¿Ves cómo tus reacciones incontrolables al conflicto provienen de tus heridas? Estas heridas se revelan aún más por tus juicios temerosos. Estas creencias negativas sobre tu cónyuge (que todos tenemos) se originan en tus heridas no resueltas, que pueden haber ocurrido en cualquier momento de la vida, comenzando en la niñez. Pueden haber ocurrido dentro de tu familia o fuera de ella, antes del matrimonio o después de casarse. Algunas de estas heridas pueden haber sido causadas por tus propias acciones y reacciones.

Cualquiera que sea la fuente de tus heridas emocionales, son tus reacciones a ellas las que marcan la diferencia en si serás controlado por ellas en el futuro. Cuando nos volvemos a Dios cuando estamos ofendidos, enfrentamos la ira que sentimos y perdonamos de inmediato como lo hizo Jesús en la Cruz, podemos ser restaurados a la integridad con bastante rapidez. Pero pocos de nosotros hemos respondido de esta manera cuando nos lastimaron, particularmente cuando éramos más jóvenes. En cambio, probablemente nos sentimos impotentes y confundidos.

En lugar de continuar sintiéndonos impotentes y asustados, intentamos ganar algo de poder y control sobre situaciones que se sentían similares. Para protegernos, formamos percepciones negativas sobre el carácter de la persona que nos lastimó. También comenzamos a vernos a nosotros mismos y a Dios de manera negativa a través de estas experiencias dolorosas. Manteniendo nuestro dolor enterrado bajo estos juicios, nuestra ira latente se convirtió en amargura y resentimiento, que continúa contaminando todas nuestras relaciones. Contra esto advierte el autor de la carta a los Hebreos: “Cuídense, no sea que alguno de ustedes pierda la gracia de Dios y alguna raíz amarga produzca brotes, perjudicando a muchos" (Heb 12:15).

Nuestra amargura profundamente arraigada y los juicios temerosos nos contaminan a nosotros y a las personas que tienen una relación íntima con nosotros, especialmente a nuestro cónyuge. Estos *juicios temerosos* son la causa subyacente de nuestras reacciones exageradas. Es importante que cada uno de nosotros reconozca esto. *Nuestro cónyuge no nos hace reaccionar como lo hacemos*. Nuestros propios juicios y temores formados en nuestras heridas más profundas son los verdaderos culpables. Culpar a nuestro cónyuge por nuestras reacciones es simplemente otra forma de estar a la defensiva y no asumir la responsabilidad personal de nuestras acciones y reacciones.

Me tomó mucho tiempo reconocer esta dinámica en mi relación con Margie. Mientras que ella era responsable de su comportamiento, yo era responsable de mis reacciones ante su comportamiento y mis propias actitudes y acciones. No podía cambiar su comportamiento, pero yo era el único capaz de lidiar con mis reacciones internas y los juicios temerosos que las alimentaban. Llegar a esta conclusión fue el comienzo de mi proceso de sanación. Durante demasiado tiempo, culpé a Margie por mis sentimientos asociados con su bebida y sus fiestas. Pero, después de un examen de conciencia dirigido por el Espíritu Santo, finalmente me di cuenta de que ella no estaba haciendo nada de eso intencionalmente para lastimarme. Simplemente vivía de sus propias percepciones de lo que pensaba que la haría feliz. Si hubiera estado casada con otra persona que no se sintiera amenazada por su forma de beber, ese esposo imaginario podría haber respondido de una manera completamente diferente. Puedo imaginar un escenario en el que podría haberse casado con alguien a quien le encantaba sentarse bajo un árbol y beber unas cervezas con ella como lo hacía su padre o a quien le encantaba ir de fiesta como a ella. En ese caso, no habría sido un conflicto para ellos como lo fue para Margie y para mí. Mis *temerosos juicios* hicieron de esto un gran problema en nuestro matrimonio. Continué aferrándome a estas percepciones negativas de Margie, lo que me mantuvo aferrado al miedo, la amargura y la falta de perdón.

Para sanar estas heridas, yo necesitaba perdonar a Margie tanto como a mí mismo. También necesitaba enfrentar las raíces amargas de estos juicios, que venían originalmente de las heridas que experimenté en mi relación con mi papá y mi hermano. Una vez que renuncié activamente a estos temibles juicios que tenía hacia ellos, pude perdonarlos. También enfrenté y liberé el dolor y la ira que se escondía detrás de las paredes de mi corazón. Todo esto sucedió cuando entré más de lleno en un proceso de sanación y de perdón.

El perdón y la sanación

En su libro *Forgiveness* [El perdón], el padre Richard McAlear explica por qué el perdón es esencial para nuestra sanación:

> El perdón es una parte muy importante de la sanación . . . Si no perdonamos, no podemos ser perdonados; bloqueamos el movimiento de la gracia. La falta de perdón tiene dos efectos significativos. Uno es que bloquea el flujo de sanación. Si hay resentimiento, amargura e ira no resuelta en mi espíritu, obstruye las arterias espirituales y el amor sanador no puede fluir. Es como un derrame cerebral del espíritu y es mortal. Si hay falta de perdón en el corazón o en el espíritu, entonces la sanación no puede penetrar. Debemos elegir perdonar profundamente si queremos experimentar el amor sanador de Dios. El amor y la ira no pueden ocupar el mismo espacio del corazón al mismo tiempo. Es como la oscuridad y la luz; uno contradice al otro. El mayor bloqueo para la sanación es la falta de perdón. El perdón abre la puerta a la sanación[3].

Estas sabias palabras expresan el mensaje central del Evangelio. Jesús nos perdona y nos manda perdonar de corazón (ver Mt 18:35). El perdón comienza con nuestra voluntad, pero para que sea plenamente efectivo, debe llegar a lo más profundo de nuestro corazón, donde reside nuestro dolor. El padre McAlear explica: “Si el dolor es profundo, el perdón tiene que ser igual de profundo. Debe llegar a la profundidad donde se siente el dolor. No podemos llevar un dolor profundo en nuestro corazón y simplemente ofrecer un perdón superficial que es simplista y vacío. Eso no es perdón sino negación. Decir que no importa cuando lo hace no es verdad. Perdonar de corazón es liberador. Hay reconocimiento del dolor, liberación y libertad"[4]. El perdón de corazón implica más que simplemente decir "Te perdono". Para ser completamente efectivo, también debe lidiar con el trauma y todas las estrategias de autoprotección que se han formado alrededor de nuestros corazones. Esto implica renunciar a nuestros juicios temerosos, liberar nuestro dolor e ira, y dejar de lado cualquier apego malsano que nos impida a nosotros y a los demás ser libres[5].

Descubrí el poder de perdonar y ser perdonado durante la temporada del invierno más oscura de nuestro matrimonio, después de que comencé a buscar a Dios con más fervor. No me di cuenta de que la falta de comunión entre Margie y yo, y mis bloqueos con Dios, se debían en gran parte a estas áreas de falta de perdón que permanecían escondidas en mi corazón. La gracia inicial de perdonar desde lo más profundo de mi corazón llegó durante un fin de semana de retiro espiritual.

Al comienzo del retiro, me animaron a orar por dos gracias específicas: una que se concedió durante el fin de semana y la otra que se recibió después de que terminó el fin de semana. Oré para conocer a Dios de una manera más profunda de lo que lo había conocido antes (durante el retiro) y para amar a Margie más profundamente cuando regresara a casa.

La primera gracia vino a través de una asombrosa serie de eventos que ocurrieron a lo largo del fin de semana. Comenzó después de que me confesé por primera vez en muchos años y recibí el perdón de Dios por mis pecados, y luego experimenté su presencia sanadora en la Eucaristía. Más tarde esa noche, encontré el amor del Padre durante una experiencia de oración intensamente poderosa. Todo el día siguiente, lloré lágrimas de alegría mientras liberaba años de dolor reprimido.

No me di cuenta del impacto que esta liberación tendría en mi matrimonio hasta que fui a casa y experimenté la segunda respuesta a mis oraciones. Cuando vi a mi esposa e hijos, lo hice con ojos nuevos, amándolos con un corazón renovado. Mientras abrazaba a

Margie, comencé a llorar lágrimas de tristeza y de alegría. Mi corazón se sentía vivo, y sentí un profundo amor por ella y pude perdonarla de corazón. En lugar de aferrarme a mis temerosos juicios sobre ella en ese momento, sentí un nuevo nivel de confianza y compasión por ella. Después de esa experiencia sanadora, el divorcio nunca más fue un problema en nuestro matrimonio. Ese fin de semana fue un puro regalo de la misericordia y sanación de Dios. Fue mi primer avance en el perdón sincero.

Tres meses después, experimenté otro avance de la sanación y el perdón divinos. Esta vez fue con mi padre. Finalmente pude dejar ir el profundo pozo de abandono, dolor y traición que sentí con la partida de mi papá. Liberando este dolor desgarrador, pude perdonar a mi padre y amarlo libremente de nuevo, como lo había hecho cuando era niño. Eso inició un proceso de reconciliación en mi relación con él, que finalmente se extendió a toda nuestra familia. Unos años más tarde, también pude perdonar a mi hermano Dave por el dolor que le causó a nuestra familia por la forma en que lidió con sus adicciones. Desde entonces, el perdón se ha convertido en una forma de vida y una parte regular de mi oración diaria. Me he dado cuenta de que esta es la vida cristiana normal a la que la Iglesia nos llama a cada uno de nosotros todos los días. ¿Recuerdas la frase del Padrenuestro? "Perdónanos nuestros pecados, porque también nosotros perdonamos a todo el que nos debe" (Lc 11,3–4).

Sabemos que hemos perdonado de corazón cuando sentimos compasión por la persona que nos hirió, viendo que actuaba desde sus propias heridas emocionales e inmadurez. También podemos ver la evidencia en la forma en que discutimos con nuestro cónyuge. Nuestros patrones destructivos de comportamiento dan paso al amor genuino. El honor reemplaza a la crítica; la bondad reemplaza al desprecio; los límites saludables reemplazan a la actitud defensiva; y la vulnerabilidad reemplaza a la obstrucción. Así todos estamos llamados a amar como seguidores de Cristo: "Sean buenos y comprensivos unos con otros, perdonándose mutuamente como Dios los perdonó en Cristo" (Ef 4:32). Esto es lo que significa *ser devoto*.

Si bien los problemas que enfrentamos en el matrimonio continúan, debemos perdonar a nuestro cónyuge y buscar la misericordia de

Dios por nuestros pecados y heridas todos los días. En mi matrimonio, aunque mi fin de semana de renovación espiritual me dio un nuevo comienzo, seguí lidiando con los juicios hacia Margie y necesitaba practicar el perdón como una forma de vida. Aprendí de esa experiencia que el perdón sincero es un proceso continuo que nos brinda una sanación cada vez más profunda.

Las siguientes preguntas de reflexión y la actividad para pareja son oportunidades para sanarte a ti, a tu cónyuge y a tu matrimonio. La oración de perdón puede traer cambios poderosos en tu corazón y en tu relación, así que te animo a que permitas suficiente tiempo y oración para que esta sanación llegue a lo más profundo de tu corazón.

Tómate un momento

1. ¿Estás de acuerdo en que tu cónyuge no es la causa principal de tus reacciones? ¿Qué es?
2. ¿Cómo se desarrollan nuestros juicios temerosos? ¿Puedes identificar un ejemplo de un juicio temeroso en tu vida?
3. ¿A quién más además de tu cónyuge necesitas perdonar y por qué necesitas perdonarlo? ¿Qué necesitas perdonar a tu cónyuge?

Actividad para parejas: oración de perdón; escribir cartas y compartir

Experiencia de oración individual: perdonar a tu cónyuge[6]

1. Pídele al Espíritu Santo que te muestre la ofensa por la cual debes perdonar a tu cónyuge.
2. Imagínate a tu cónyuge frente a ti y pon atención a lo que sientes (enojado, triste, asustado, impotente, herido, asqueado).

3. ¿Cómo te lastimó tu cónyuge? ¿Cómo te ha afectado y cómo ha afectado la relación con tu cónyuge?
4. Dile a tu cónyuge (en tu mente) lo que hizo para lastimarte y cómo te afectó. Está bien sentirte enojado y expresarlo ("No me sentí amado"; "Me sentí solo"; "Sigo teniendo problemas para confiar en ti").
5. Pídele al Espíritu Santo que te revele lo que crees sobre ti mismo como efecto de esta experiencia dolorosa (cómo has interiorizado el dolor en tu propia imagen).
6. Renuncia a las creencias dañinas sobre ti mismo (por ejemplo, "Renuncio a la mentira de que no soy amado o cuidado; renuncio a la mentira de que todo es culpa mía; renuncio a la mentira de que soy impotente y no puedo volver a confiar").
7. Pídele al Espíritu Santo que te revele los juicios terribles que tienes hacia tu cónyuge como resultado de cómo te lastimó.
8. Renuncia a estos juicios (por ejemplo, "En el nombre de Jesús, renuncio al juicio de que mi cónyuge es malo, infiel, estúpido, descuidado, egoísta").
9. En tu imaginación, ponte al pie de la Cruz con tu cónyuge.
10. Pídele a Jesús que te perdone por estos terribles juicios y que perdone a tu cónyuge por las formas en que te lastimó.
11. Mientras te paras al pie de la Cruz en tu imaginación, vuélvete hacia tu cónyuge. Perdónalo verbalmente.
12. Pídele a Jesús que te de su compasión por tu cónyuge.
13. Ora para que bendiga a tu cónyuge: pídele a Dios que bendiga a tu cónyuge de la manera opuesta a como te hirió a ti (por ejemplo, "Padre, por favor bendice a mi esposo/esposa. Ayúdalo a saber que es perdonado y aceptado. Ayúdalo a recibir tu amor y a ser completamente restaurado en su identidad como tu amado hijo/hija. Ayúdalo a recibir mi amor").
14. Pídele a Jesús que selle este perdón con su sangre preciosa y que sane las heridas restantes.

15. Dale gracias por su misericordia y su sanación.

Escribe una carta de perdón a tu cónyuge

Escribe una carta a tu cónyuge describiendo los pasos que seguiste en oración. Cuéntale sobre el dolor que sentiste, los juicios temerosos que hiciste y las creencias sobre ti mismo que interiorizaste. Luego escribe tu perdón, describiendo la compasión que ahora sientes, la bendición que oraste y cómo has cambiado la visión de ti mismo.

Lean sus cartas el uno al otro

Acuerden un tiempo y un espacio tranquilo donde ustedes puedan leer sus cartas de perdón el uno al otro. Túrnense. Lean sus cartas lentamente. Este es un momento para escuchar y comprender, no para discutir o profundizar en hablar de los temas no resueltos. Disciplínate para escuchar. Al final, agradece a tu cónyuge por su perdón y vulnerabilidad al compartir su carta contigo. Es posible que desees darle a tu cónyuge la carta como un regalo. Al terminar, agradezcan a Dios por su misericordia y su sanación.

10

RESTAURAR LA CONFIANZA ROTA

Reconozcan sus pecados unos ante otros y
recen unos por otros para que sean sanados.
—Santiago 5:16

En el capítulo anterior, hablé sobre el perdón como el principal medio para sanar nuestras heridas relacionales. Tan vital como es, el perdón es solo una parte del proceso de sanación y reconciliación dentro del matrimonio. El perdón abre nuestros corazones para amar de nuevo. Pero, por sí solo, no restaura la confianza que se ha roto en la relación. La reconciliación total requiere varios otros pasos que son esenciales para restaurar la confianza. Estos incluyen reconocer nuestras fallas y ofensas, superar las debilidades de carácter que las subyacen y pedir la gracia de Dios mientras nos involucramos en el trabajo desafiante de restaurar las áreas donde la confianza se ha roto en la relación. Esta es a menudo la parte más difícil del proceso de sanación, porque confrontar nuestras deficiencias personales requiere la humildad.

Pasé la mayor parte de mi carrera profesional acompañando a parejas en el proceso de reconciliación. La mayoría de estas parejas pudieron restaurar la confianza y la comunión en su matrimonio, pero algunos no lograron reconciliarse. La diferencia clave en aquellas parejas que se reconciliaron fue su humildad y dependencia de Dios. Aquellos que se humillaron y estuvieron abiertos al Espíritu Santo finalmente pudieron encontrar la sanación para su matrimonio. Sin embargo, aquellos que se aferraron al orgullo y la autojustificación quedaron atrapados en su angustia. Continuaron aferrándose a los juicios temerosos de su cónyuge. Algunos no pudieron superar su propia vergüenza y autodesprecio. Como resultado, no lograron superar sus heridas y restaurar el amor en su relación matrimonial. Algunas de esas parejas terminaron divorciándose, mientras que otras permanecieron casadas sin una verdadera comunión. Como resultado, ellos y sus hijos sufrieron interminablemente.

Con esas parejas que se humillaron y dependieron de la ayuda de Dios, fui testigo de intervenciones milagrosas en matrimonios aparentemente sin esperanza e irremediablemente rotos. Muchas veces vi a Dios restaurar matrimonios en los que la confianza había sido devastada por múltiples y constantes infidelidades. Con una pareja, el Espíritu Santo le dio a la esposa una visión de la conversión de su esposo horas antes de recibir la noticia de su repetido adulterio. Naturalmente, quedó devastada por la revelación de su infidelidad, pero debido a que confió en lo que recibió en la visión, pudo perdonar a su esposo y aferrarse a la esperanza.

Su perdón abrió su corazón para amarlo incondicionalmente, lo que los mantuvo unidos hasta que él estuvo listo para enfrentar sus pecados y arrepentirse de ellos. Eventualmente pudo perdonarse a sí mismo y disculparse sinceramente por sus ofensas contra Dios, su esposa, su familia y él mismo. Esta pareja ahora tiene un hermoso amor, y el esposo ha llegado a amar y confiar en Dios por primera vez en su vida. También es devoto de su esposa e hijos debido a la fidelidad y el amor incondicional de su esposa. Fue verdaderamente la misericordia de Dios, obrando a través de la bondad de su esposa, lo que lo llevó al arrepentimiento (ver Rom 2:4).

Con otra pareja, la traición fue igualmente devastadora. El esposo fue enviado a la cárcel por siete años después de tener relaciones sexuales con una menor mientras estaba intoxicado. Su esposa e hijos estaban angustiados. Apenas puedo imaginar el nivel de traición y angustia que experimentaron. Pero confiando en el amor y la misericordia de Dios por su esposo y padre, lidiaron con su dolor, lo perdonaron y continuaron amándolo incondicionalmente. Mientras estuvo en la cárcel, pudo perdonarse a sí mismo y arrepentirse completamente de su pecado. Después de años de sanación y oración, han trabajado en los problemas subyacentes para restaurar completamente la confianza en su matrimonio y familia. Este hombre y su esposa ahora se aman y se respetan genuinamente, y los niños aman y honran a su padre. Por increíble que parezca, salí entendiendo que "para Dios, nada es imposible" (Lc 1:37).

Con una tercera pareja, la confianza rota no se debió a la infidelidad sexual, pero los sentimientos de traición y vergüenza seguían siendo muy dolorosos. Esta vez fue la esposa quien traicionó la confianza de su esposo al cargar decenas de miles de dólares en tarjetas de crédito. El esposo seguía siendo el único asalariado para que su esposa pudiera quedarse en casa y cuidar a sus hijos. Cuando se enteró de las facturas de las tarjetas de crédito, quedó devastado y furioso. Aunque la esposa le prometió a su esposo que nunca lo volvería a hacer, sucedió varias veces más. La tercera vez, se humilló y reconoció que tenía un problema grave y buscó ayuda profesional.

Aunque devastado y enojado cada vez, el esposo superó sus sentimientos de traición y eventualmente perdonó a su esposa. También trabajó muchas horas para pagar las cuentas de la tarjeta de crédito, brindándole a ella una representación viva del amor misericordioso de Cristo pagando el precio total de nuestras deudas en la Cruz. Con el tiempo, esta pareja restauró su confianza rota.

Estos ejemplos no son tan inusuales como podrías pensar. Creo que Dios está dispuesto y listo para hacer lo mismo por todas las parejas, pero no todos están dispuestos a humillarse como lo hicieron estas parejas. A veces es necesario que nos sintamos abrumados antes de que estemos dispuestos a reconocer que necesitamos la ayuda de Dios y la ayuda de los demás. Yo podría continuar con varias historias asombrosas más de las intervenciones milagrosas de Dios en la vida de las parejas casadas. Pero eso solo revelaría una parte de la imagen. También hay varias situaciones en las que las parejas no se reconciliaron. Algunas de estas situaciones tristes involucran a parejas cristianas que lucharon por perdonar y restaurar la confianza. Como resultado, quedaron atados a patrones de desconfianza y de desprecio. No dispuestos a humillarse por completo ante Dios, volverse honestos, enfrentar su dolor profundo y luego reparar el daño que les impide restaurar la comunión, aún no han desarrollado las cualidades de carácter necesarias para restaurar la confianza.

El carácter genera confianza

Si bien el perdón se otorga como un regalo incondicional, la confianza debe establecerse con el tiempo. Después de rupturas significativas en la relación, a menudo se requiere una cantidad considerable de tiempo y esfuerzo para restaurar la confianza. Esto se debe a que la confianza depende del carácter, y esto debe probarse y comprobarse. Por ejemplo, cuando un cónyuge le miente a su compañero, esto crea un gran obstáculo para restaurar la confianza. La honestidad, que es fruto de la humildad, es uno de los rasgos fundamentales del carácter que permite reparar la confianza. Las parejas no pueden generar confianza sin ser honestas. Y, sin embargo, la honestidad también requiere vulnerabilidad, que es difícil de restablecer sin una base de seguridad y confianza en la relación.

Entré en mi relación con Margie con algunos problemas de confianza significativos. Cuando nos conocimos, aún no había enfrentado las heridas ni había recibido la sanación que necesitaba de las traiciones que experimenté durante esos tumultuosos primeros años de la adolescencia. Debido a esas pasadas heridas de traición, me volví especialmente reactivo cuando se trataba de cuestiones de honestidad y de fidelidad. No ayudó a mis inseguridades cuando Margie me mintió acerca de fumar mientras todavía estábamos saliendo. Ella sabía que me enfadaría si lo supiera, así que me lo ocultó. Cuando me enteré, me dolió y me enojó, pero fue su falta de honestidad lo que más me dolió. Tocó en mis heridas anteriores.

Cuando finalmente logramos resolver el problema, Margie se disculpó y la perdoné, pero tomaría un tiempo restaurar la confianza entre nosotros. Ambos pudimos expresar nuestras percepciones de la situación, y Margie me aseguró que no volvería a ocultarme nada. También me di cuenta de que yo tenía un papel que desempeñar en que ella no fuera honesta conmigo.

En nuestras conversaciones sobre el incidente, descubrí que ella dudaba en decirme la verdad porque temía mi desaprobación. Me di cuenta de que si quería que me dijera cosas que sabía que me molestarían, primero tenía que asumir la responsabilidad de mi parte en la situación. Tuve que aprender a responder de manera que le brindara suficiente seguridad para ser honesta y vulnerable conmigo. También necesitaba evitar caer en juicios temerosos en respuesta a que ella eligiera hacer cosas que no me gustaban. Pero fue solo después de mi sanación más profunda que pude ser misericordioso en lugar de condenar. En lugar de criticarla, pude responder con más amabilidad. En lugar de juzgarla, maduré en mi capacidad de mostrar compasión. En lugar de cerrarme y apagarme, vulnerablemente compartí mis heridas y deseos con ella.

En resumen, su falta de honestidad y mi reacción revelaron dónde ambos necesitábamos madurar en las áreas de debilidad de nuestro carácter. Restaurar la confianza se trata, en última instancia, de superar estas debilidades de carácter con la gracia de Dios a través del crecimiento en la virtud. San Pedro ofrece un buen resumen de las cualidades de carácter que son necesarias para cultivar el amor maduro: "Por eso, pongan el máximo empeño en incrementar su fe con la firmeza, la firmeza con el conocimiento, el conocimiento con el dominio de los instintos, el dominio de los instintos con la constancia, la constancia con la piedad, la piedad con el amor fraterno y el amor fraterno con la caridad. Pues si tienen todas estas virtudes en forma eminente, no serán inútiles ni estériles, sino que más bien alcanzarán el conocimiento de Cristo Jesús, nuestro Señor" (2 Pe 1,5–8).

Nota el énfasis de san Pedro en la *devoción*. Es una dimensión esencial del carácter cristiano. Más que cualquier otra cosa, es la *perseverancia con devoción* lo que nos permite llegar a ser dignos de confianza en el matrimonio. Desarrollar un carácter como el de Cristo toma tiempo y requiere paciencia. No podemos simplemente querer que maduremos instantáneamente. No importa cuánto intentemos amarnos bien, seguiremos fallando muchas veces a lo largo de nuestra vida de noviazgo y de casados, hasta que uno de nosotros muera. Por eso, debemos ser honestos acerca de nuestros fracasos y pacientes con nosotros mismos y con los demás cuando confrontamos estos fracasos. Todo esto es parte de madurar en el amor: "El amor es paciente y muestra comprensión. El amor . . . no aparenta ni se infla . . . No se alegra de lo injusto, sino que se goza en la verdad" (1 Cor 13,4–6). El carácter de Cristo se expresa en el amor devoto y crece a medida que humilde y honestamente reconocemos nuestros pecados y fracasos y pedimos la ayuda de Dios.

Confesar nuestros fracasos

En *The 4 Seasons of Marriage* [Las 4 temporadas del matrimonio], Gary Chapman enfatiza tres pasos esenciales en el proceso de reconciliación: (1) identificar nuestras fallas personales; (2) confesar y arrepentirnos de nuestros pecados; y (3) perdonarnos a nosotros mismos y a nuestro cónyuge. Estos pasos son fundamentales para restaurar la confianza en cada etapa del matrimonio, pero especialmente críticos durante las temporadas del otoño y del invierno de nuestra relación. Chapman señala: "El matrimonio es una calle de doble sentido. Ninguno de ustedes es perfecto, y cada uno debe lidiar con sus propios fracasos. El primer paso es identificar estas fallas y asumir la responsabilidad por ellas"[1].

El paso 2, afirma, es hacer una buena confesión y arrepentirse. "La palabra *confesión* significa 'estar de acuerdo con'. Por lo tanto, estás de acuerdo con Dios en que estabas equivocado. Estás de acuerdo en que tu comportamiento ha causado dolor a tu cónyuge y ha afligido el corazón de Dios. El arrepentimiento significa 'dar la vuelta y caminar en la dirección opuesta'. Al arrepentirte de tus fallas y del daño que le causaste a tu cónyuge, le estás expresando a Dios tu deseo de comportarte de manera diferente en el futuro. Estás pidiendo el poder del Espíritu Santo para que puedas amar a tu cónyuge como Dios quiere"[2].

El paso 3 consiste en pedir y ofrecer perdón. "Recuerda que el perdón no es un sentimiento. Es una decisión de levantar la pena por faltas pasadas y declarar indultado al cónyuge. Perdonar no significa que nunca sentirás el dolor que acompaña al recuerdo. El perdón significa que tú ya no tendrás ese fracaso o dolor en contra de tu cónyuge. Como dice 1 Corintios 13:5, el amor 'olvida lo malo'"[3].

Para los católicos y otros con antecedentes litúrgicos, el proceso de reconciliación comienza con el Sacramento de la Reconciliación. La confesión con un sacerdote nos permite enfrentar nuestra vergüenza y culpa y ser honestos acerca de nuestros pecados en un ambiente seguro donde podemos anticipar que nuestros pecados serán recibidos con la misericordia y la gracia de Dios. El papa Juan Pablo II habla de cómo la reconciliación con Dios primero pone en marcha otras reconciliaciones:

> Hay que subrayar también que el fruto más precioso del perdón obtenido en el Sacramento de la Penitencia consiste en la reconciliación con Dios, la cual tiene lugar en la intimidad del corazón del hijo pródigo, que es cada penitente. Pero hay que añadir que tal reconciliación con Dios tiene como consecuencia, por así decir, otras reconciliaciones que reparan las rupturas causadas por el pecado: el penitente perdonado se reconcilia consigo mismo en el fondo más íntimo de su propio ser, en el que recupera la propia verdad interior; se reconcilia con los hermanos, agredidos y lesionados por él de algún modo; se reconcilia con la Iglesia; se reconcilia con toda la creación. (*Reconciliatio et paenitentia*, 31)

Nota que la reconciliación comienza con Dios, luego con nosotros mismos y luego con la persona que lastimamos con nuestras acciones, en este caso, nuestro cónyuge. Las tres partes han sido heridas por nuestra falta de amor. Herimos el corazón de Dios por nuestros pensamientos y acciones sin amor y por las formas en que no amamos (si te cuesta imaginar a Dios herido, imagínate a Jesús en la Cruz). Cuando lastimamos a Dios y a los demás, también nos lastimamos a nosotros mismos. Vemos esto expresado en vergüenza y debilidad de carácter. Finalmente, debemos enfrentar el hecho de que hemos lastimado a nuestro cónyuge y herido su confianza. Por lo tanto, es fundamental que la reconciliación aborde a las tres partes. No puedes restaurar la confianza con tu cónyuge si no te perdonas a ti mismo y creces en la virtud. Y es difícil confiar verdaderamente en ti mismo para actuar de una manera amorosa a menos que primero confíes en Dios para que te de la gracia de amar con su amor.

Me doy cuenta de que estamos lidiando con cuestiones difíciles aquí. Antes de ver cómo poner esto en práctica, detengámonos un momento para reflexionar y aplicar estos entendimientos en tu matrimonio.

Tómate un momento

1. ¿En qué dirección es más probable que muestres orgullo, juzgando a tu cónyuge por sus fallas o condenándote a ti mismo por tus fallas?
2. Repasa los tres pasos para la reconciliación en el matrimonio identificados por Chapman. ¿Cuál de estos pasos te resulta más difícil? ¿Por qué?
3. ¿Por qué crees que es importante confesar nuestros pecados y fracasos a Dios, a la Iglesia y a nuestro cónyuge?

Una buena confesión

Cuando éramos niños pequeños y relativamente inocentes, a muchos de los que crecimos en la Iglesia se nos enseñó cómo hacer una buena confesión. Si esa es tu experiencia, ¿recuerdas las partes de una buena confesión que aprendiste? Probablemente fue algo como esto:

1. Prepara tu corazón pidiéndole al Espíritu Santo que te muestre lo que necesitas confesar.
2. Acércate a la confesión con sincero pesar por lastimar a Dios, a ti mismo y a los demás.
3. Confiesa específicamente, con humildad y honestidad, lo que hiciste mal.
4. Prepárate para reparar el daño y crecer en madurez en esa área de debilidad de tu carácter.
5. Trata de hacer la voluntad de Dios en esa área específica de debilidad y en todas las áreas de tu vida.

Estos mismos principios para una buena confesión sacramental también se aplican a disculparse con nuestro cónyuge en el matrimonio. Sin embargo, parece mucho más difícil para muchos de nosotros hacer una buena disculpa (una forma de confesión) a nuestro cónyuge. ¿Es porque anticipamos que nuestro cónyuge no será misericordioso, como Dios es misericordioso? ¿O porque sabemos que a veces ven nuestros fracasos mejor que nosotros? En cualquier caso, puede ser difícil saber por dónde empezar cuando se trata de confesar nuestros fracasos a nuestro cónyuge. No solo requiere la valentía y la humildad, sino también el conocimiento. A veces, entender cómo hacer una buena disculpa aumenta tanto nuestra valentía como nuestra humildad.

Hace unos años, asistí a un entrenamiento de mediación de Ken Sande, un abogado cristiano y autor de *The Peacemaker* [El pacificador]. Me impresionó la minuciosidad y eficacia de sus siete pasos de una buena disculpa. Reconocí que, si estos pasos eran efectivos en su intenso trabajo de mediación con parejas, también podrían ser útiles en la consejería matrimonial. Así que decidí incorporarlos a mi trabajo con parejas. A lo largo de los años, vi que muchas parejas se beneficiaban al aplicar estos pasos de disculpa. Desde que me jubilé de la práctica privada, he presentado estos pasos para ayudar a las parejas a reconciliarse durante nuestras conferencias de matrimonio sin velo. He escuchado muchos testimonios hermosos de aquellas parejas que han puesto en práctica estos principios.

Te ofrezco como herramientas prácticas para que las apliques en tu matrimonio para restaurar la confianza de cualquier manera que hayas sido dañada, ya sea que el daño sea mayor o menor. Al repasar estos pasos[4], tómalos en serio. Tendrás la oportunidad de ponerlos en práctica al final del capítulo. A medida que los domines, te convertirás en un buen cónyuge. Lee los pasos lentamente y reflexiona sobre cada uno.

1. Dirígete directamente a la(s) persona(s) que ofendiste.
2. Evita las excusas (sin coartadas).
3. Admite tus actitudes y comportamientos incorrectos.
4. Reconoce el dolor de la persona que lastimaste.
5. Acepta las consecuencias de tu comportamiento.
6. Modifica tu actitud y comportamiento (y se responsable).
7. Pide perdón: “Por favor, perdóname cuando estés listo”.

Examinemos estos siete pasos, uno a la vez, para ver cómo puedes aplicarlos para restaurar la confianza y reconciliar las heridas en tu matrimonio.

Dirígete directamente

El primer paso de una buena disculpa consiste en dirigirte directamente a tu cónyuge (y a cualquier otra persona que hayas ofendido en la situación). Esto puede parecer obvio, pero es necesario señalarlo, porque muchos de nosotros evitamos enfrentarnos directamente con nuestro cónyuge y otras personas cuando los ofendemos. Esto requiere tanto humildad como valentía, así que ora por esas gracias. Es una lección de humildad enfrentar a los que lastimamos y asumir nuestra responsabilidad.

He experimentado el poder de esto en mi familia. Hace unos veinticinco años, mi padre (quien murió dos semanas antes que Margie) entró en un proceso de sanación y reconciliación, primero con Dios y luego con nuestra familia. Después de asistir a un retiro espiritual de fin de semana, se volvió activo en Alcohólicos Anónimos, donde trabajó a través de su renombrado programa de recuperación de doce pasos y se mantuvo sobrio por el resto de su vida. Después de enfrentar y confesar sus pecados ante Dios, valientemente nos escribió a todos una carta y asumió toda la responsabilidad de cómo nos lastimó, con detalles específicos.

Más tarde, continuó dirigiéndose a nosotros cara a cara juntos como familia y luego a cada uno de nosotros individualmente. Me conmovió especialmente su humildad y su honestidad al disculparse con mi mamá. Lo hizo una vez delante de todos nosotros, pero también sé por mi madre que se disculpó con ella específicamente y en persona, al menos en otras dos ocasiones, a pesar de que para entonces ya llevaban muchos años divorciados. Ver a mi padre abordar humildemente sus fechorías directamente a mi mamá y a cada uno de nosotros aumentó enormemente mi admiración por él. A pesar de todo, él no la culpó ni una vez ni dio ninguna excusa por su comportamiento.

Evita las excusas

El segundo paso de una buena disculpa es evitar las excusas. No sé tú, pero yo tengo un fuerte impulso de justificarme cada vez que lastimo a alguien o hago algo mal. Racionalmente, me doy cuenta de que no tengo necesidad de justificarme, puesto que Jesús ya me ha justificado con su muerte en la Cruz. Sin embargo, vuelvo a caer en pensamientos y comportamientos de autojustificación con regularidad, como parte de mi actitud defensiva. Quiero explicar mis acciones. Incluso cuando voy a la confesión sacramental, debo evitar la tentación de justificar o excusar mis pecados en mi propia mente. A menudo, cuando me disculpaba con Margie, no me sentía limpio porque yo decía cosas como: "Lamento lo que dije, pero solo lo dije por lo que hiciste" (sé que eso no fue muy maduro).

Por el contrario, en aquellas ocasiones en las que asumí toda la responsabilidad de mis acciones, me sentí bien al ser honesto sin racionalizaciones ni excusas. Puedo recordar un momento específico en el que me acerqué a ella con humildad y no me justifiqué. Estaba viendo un vídeo sobre el arrepentimiento, que abordaba el pecado del orgullo como un problema para muchos hombres estadounidenses. En medio de verlo, el Espíritu Santo vino sobre mí y me convenció de cómo mi orgullo había lastimado a Margie y a nuestros hijos. Empecé a llorar lágrimas de contrición. Pude disculparme primero con ella y luego con nuestras hijas por las formas en que las lastimé al actuar con superioridad moral. Me di cuenta de que las conmovió y restauró su confianza en mí, especialmente cuando me vieron admitir humildemente mis fallas.

Admite tus actitudes y comportamientos incorrectos

El tercer paso de una buena disculpa es admitir que tanto nuestras actitudes como nuestros comportamientos fueron incorrectos y dañinos. ¿Has notado que cuando la mayoría de nosotros admitimos que estamos equivocados, a menudo nos quedamos en la superficie de nuestras acciones sin reconocer las actitudes subyacentes detrás de ellas? ¿Recuerdas mi historia sobre Margie y yo peleándonos por nuestra situación de vivienda (en el capítulo 6)? Después de que ambos entregamos el asunto a Dios y comenzamos a tener conversaciones abiertas, me di cuenta de que había juzgado mal sus motivos. Mi actitud fue arrogante y reaccioné obstinadamente a sus deseos expresados por una nueva casa. El miedo subyacía tanto en mi arrogancia como en mi terquedad. Yo necesitaba disculparme por mis actitudes y acciones. Mi disculpa fue algo así (sentados frente a frente y mirándola a los ojos): "Margie, lamento las formas en que te lastimé estos últimos años por la casa. Me equivoqué por ser tan terco. Me doy cuenta de que me enorgullecía pensar que sabía lo que Dios quería. Y yo estaba cerrado a escuchar lo que querías o por qué lo querías. Juzgué mal tus motivos. Lo siento".

¿Escuchas tanto mis malas acciones como mis actitudes? Después de admitir estos errores, yo necesitaba escucharla expresar su dolor para poder entenderla mejor y poder liberar su dolor.

Reconoce el dolor

El cuarto paso de una buena disculpa es reconocer cómo lastimaste a tu cónyuge. Esto implica escucharlo expresar su dolor. A veces, cuando nos disculpamos con nuestro cónyuge, espontáneamente comenzará a decirnos cómo lo lastimamos. Cuando Margie hacía esto después de mis disculpas, al principio me ponía a la defensiva y decía: "Sé que te lastimé. Por eso, me disculpo". Pero todavía me faltaba su corazón. Si nuestra disculpa es sincera y humilde, debemos permitir que nuestro ser querido exprese su dolor hasta que se libere. A veces sale con ira, y eso también está bien. Cuando escribas tu carta para disculparte con tu cónyuge (al final de este capítulo), dedica algún tiempo a ponerte en su lugar mientras tratas de comprender y sentir su dolor.

Con respecto a la situación de la casa, yo podría haberle dicho a Margie: "Me doy cuenta de que te duele cuando juzgo tus motivos y no te doy la oportunidad de decirme por qué quieres una casa nueva. Cuando me pongo en tu lugar, imagino que se siente como si no tuvieras voz y te sientes frustrada porque ni siquiera te escucho. También puedo ver cómo te sentirías no amada e incomprendida porque no me han importado tus deseos. ¿Es eso cierto?". Entonces ella tendría la oportunidad de decirme directamente cómo se sentía. Mi papel en ese momento era callar, escuchar y empatizar, haciendo todo lo posible por comprender y ponerme en su lugar. Esto no es siempre fácil, pero si lo hacemos bien, puede traer una sanación considerable en la relación. Reconocer el dolor de nuestro cónyuge es solo una de las muchas formas de aceptar las consecuencias que inevitablemente se derivan de lastimarlo.

Acepta las consecuencias

El quinto paso de una buena disculpa es aceptar las consecuencias. Tus pensamientos y acciones siempre tienen consecuencias, ya sea para bien o para mal. San Pablo ofrece algunas palabras de advertencia muy aleccionadoras para todos nosotros en este sentido: "No se engañen, nadie se burla de Dios: al final cada uno cosechará lo que ha sembrado" (Gal 6:7). Todos tenemos algún nivel de autoengaño cuando se trata de nuestros pecados y fracasos. De alguna manera actuamos como si pudiéramos hacer lo que queramos y no habrá consecuencias. Pero eso simplemente no es la realidad. Todo lo que hacemos tiene consecuencias. ¿Alguna vez has escuchado este dicho "Siembra un pensamiento y cosecha una acción; siembra una acción y cosecha un hábito; siembra un hábito y cosecha un carácter; siembra un carácter y cosecha un destino"? Cada pensamiento y acción importa porque todo lo que pensamos, decimos y hacemos tiene consecuencias que afectan nuestro carácter y destino, así como el de las personas que nos rodean.

No puedo decirte la cantidad de veces que aconsejé a parejas que enfrentaban una traición grave que no entendían esta parte del proceso de reconciliación. Una vez que se perdona a la persona ofendida, a menudo actúa como si la vida volviera a la normalidad. Pero no ven cuánto dañaron sus acciones la confianza. Esto debe ser restaurado. Y lleva tiempo. La historia del adulterio del rey David es un buen ejemplo (ver 2 Sm 11–12). Tan pronto como el rey David confesó sus pecados, Dios lo perdonó. Pero Dios señaló que habría consecuencias. Algunos de ellos fueron inmediatos y otros duraron mucho tiempo. Por ejemplo, toda la familia de David fue afectada por generaciones a causa de este y otros pecados. Este puede ser un ejemplo extremo, pero todos tenemos historias como esa.

Nuestro comportamiento y nuestras palabras tienen consecuencias para las personas que nos rodean y para las generaciones que nos siguen. Tenemos que aceptar estas consecuencias. A veces esto viene en forma de restitución, como el recaudador de impuestos Zaqueo. Cuando Jesús se invitó a sí mismo a cenar a su casa, Zaqueo se ofreció espontáneamente a reparar toda su deshonestidad y robo pagando más de lo que robó (ver Lc 19,1–10). Esta restitución fue una indicación visible de que estaba aceptando las consecuencias de su anterior comportamiento egoísta y pecaminoso. También mostró que tenía la intención de cambiar su actitud y su comportamiento.

Modifica tu actitud y comportamiento

El sexto paso de una buena disculpa consiste en tomar una decisión firme para modificar tus actitudes y tus comportamientos. Este es el verdadero arrepentimiento. No es suficiente disculparte y luego volver a la vida normal. Esta actitud arrogante solo daña más la confianza. Tenemos que comprometernos a cambiar. Pero como todos sabemos, hay cosas que pensamos y hacemos que están profundamente arraigadas y son difíciles de cambiar, o pueden tener raíces más profundas de lo que creemos. Por eso, el arrepentimiento es una obra de gracia. No es un proyecto de bricolaje. Siempre necesitamos la ayuda de Dios y a menudo necesitamos la ayuda de los demás. Un ejemplo bien conocido de esto implica la superación de las adicciones. Conozco a muchas personas que han tratado de superar adicciones como las drogas o la pornografía, pero continúan fracasando hasta que buscan activamente la ayuda de Dios y la ayuda de otros en la comunidad. Este es uno de los regalos de los programas de doce pasos. Enfatiza tanto nuestra necesidad de Dios como de los demás.

En el matrimonio, cuando te disculpas por algo que hiciste y que lastimó gravemente a tu cónyuge, es muy probable que este vicio tenga raíces profundas en tu vida, en tus pensamientos y en tus acciones. Debes tomar en serio la tarea de desarraigar estos vicios antes de pedirle a tu cónyuge que te perdone. Lo más probable es que esto implique obtener ayuda de alguien en quien pueda confiar, ya sea un amigo, un familiar, un profesional o un grupo de apoyo de algún tipo. Cuando miro hacia atrás en mi vida, la mayor parte de mi crecimiento se ha producido a través de la comunidad cristiana, la iglesia, grupos de hombres, la terapia y la dirección espiritual. Cuando tenemos la intención de cambiar nuestro comportamiento, entonces podemos humildemente pedir perdón.

Pide perdón

El séptimo paso de una buena disculpa es pedir perdón. Nota que no dice exigir perdón. El perdón es un don que debe darse libremente y luego recibirse libremente. No se puede exigir. Como cualquier otra expresión de amor, debe darse libre, plena, fiel y fructíferamente. Cuando le pidas a tu cónyuge que te perdone, sé humilde y vulnerable. Entiende que esto no es algo que mereces o te has ganado. Es puramente un don de misericordia. Si tu cónyuge no está listo, aún puedes recibir el perdón de Dios y perdonarte a ti mismo. No permitas que la demora en el perdón de tu cónyuge te impida hacer el arduo trabajo del arrepentimiento.

Si eres el cónyuge que ofrece el perdón, podrías beneficiarte al conocer las cuatro promesas de perdón que identifica Ken Sande. Al decir que perdonas, le estás prometiendo a tu cónyuge que (1) no te detendrás en sus fallas y debilidades pasadas, (2) no mencionarás estas fallas en discusiones, (3) no chismearás con otros sobre tu cónyuge y (4) mantendrás un corazón abierto y la voluntad de comenzar el proceso de restaurar la confianza. Al mismo tiempo, perdonar no significa necesariamente que aceptarás pasivamente el comportamiento abusivo de tu cónyuge. Si bien es posible que debas perdonar repetidamente, no tienes que ser víctima en la relación. Puedes elegir cómo responderás. El amor auténtico te permite permanecer libre en el Espíritu Santo. Aunque siempre misericordioso, el amor no puede ser manipulado. Por eso, hay una palabra importante que es esencial para restaurar la confianza: los *límites*.

Establecer los límites saludables

Los límites son elecciones sobre cómo vivirás tus valores y te definirás a ti mismo en relación con los demás. Se expresan en actitudes y comportamientos que transmiten respeto por Dios, por uno mismo y por los demás. Contrariamente a la práctica popular, los límites no son algo que hacemos para controlar el comportamiento de nuestro cónyuge. Eso sería manipulación y una violación del amor. Más bien, los límites son cosas que hacemos para cambiar nuestros propios comportamientos. Me tomó un tiempo aprender esto en mi matrimonio.

Al principio de nuestro matrimonio, cuando Margie hacía cosas que no me gustaban, como fumar, traté de convencerla de que dejara de hacerlo. Cuando eso no funcionó, tomé sus cigarrillos y los tiré. Pensé que esto estaba estableciendo un límite, pero en cambio era una violación de su voluntad. Se sintió coaccionada por mis intentos de cambiarla. Más tarde, me di cuenta de que necesitaba cambiar mi propio comportamiento para no violar su dignidad, pero aun así honrar mis necesidades. Así que le expresé por qué me molestaba que fumara (los efectos en su salud, mi salud, su ejemplo para los niños, la salud de los niños, la forma en que olía cuando fumaba, etcétera). Entonces respeté su libertad para resolverlo.

Al decirle cómo me sentía acerca de que fumara y luego al pedirle que no fumara en la casa, yo estaba estableciendo un límite saludable. Respetó mi límite fumando en el porche. Yo hubiera preferido que dejara de fumar, pero esa era una decisión que solo ella podía tomar. Ella, a su vez, estableció un límite saludable al hacerme saber que no podía violar su voluntad. El hecho de que fumara en el porche también fue un límite saludable que impuso en su propio comportamiento sin dejar de respetar algunas de mis preocupaciones.

Los límites saludables definen nuestra relación con los demás. Comunican lo que estamos dispuestos y no dispuestos a hacer. En el matrimonio, necesitamos aprender a respetarnos a nosotros mismos y a nuestro cónyuge. Podemos hacer esto aclarando cómo seremos tratados y cómo trataremos a nuestro cónyuge. Esto no siempre es tan fácil como parece. A veces necesitamos crecer en madurez y sanar nuestras heridas antes de poder practicar límites saludables de manera consistente. Si deseas aprender más sobre este proceso de establecer los límites saludables, te recomiendo un buen libro, *Boundaries in Marriage* [Los límites en el matrimonio], de los doctores Henry Cloud y John Townsend[5].

Las siguientes preguntas de conversación y la actividad para parejas están destinadas a ayudarte a comprender el proceso de restaurar la confianza a través de la disculpa y del arrepentimiento y aplicarlo en tu matrimonio. En nuestras conferencias *Unveiled*, he escuchado testimonios de muchas parejas que han experimentado grandes avances al entrar en este proceso de disculparse y perdonar. Ruego que tú también lo hagas.

Tómate un momento

1. ¿Estás de acuerdo en que es necesario confesar tus fracasos a tu cónyuge, así como a Dios? ¿Cuándo no sería esto beneficioso o necesario?
2. Reflexionando sobre cada uno de los siete pasos de una buena disculpa, ¿dónde ves que necesitas crecer en tu carácter?
3. Suponiendo que tu cónyuge te falta el respeto verbalmente, ¿cuál sería un ejemplo de un límite saludable?
4. ¿Estás dispuesto a practicar los siete pasos en una carta de disculpa a tu cónyuge? Si es así, te animo a que reserves algo de tiempo y entres en oración a la siguiente actividad.

Actividad para parejas: carta de disculpa y compartir

Por tu cuenta

1. Comienza en oración, pidiéndole al Espíritu Santo que te muestre cómo has lastimado a tu cónyuge y dañado la confianza entre ustedes en cualquier área de tu relación. Puede ser útil repasar el "Discurso sobre el estado de tu unión" en el capítulo 2 para reflexionar sobre las diferentes áreas de comunión.
2. Sé humilde y honesto contigo mismo ante Dios. Escribe todas las formas en que has fallado en amar bien a tu cónyuge en esas cinco áreas de comunión (espiritual, emocional, compañerismo, trabajo en equipo y sexual), así como las formas en que te has involucrado en los cuatro patrones destructivos descritos en el capítulo 9 (la crítica, el desprecio, la actitud defensiva y la obstrucción).
3. Reflexiona sobre el daño y el dolor que tus actitudes y comportamientos le han causado a tu cónyuge, a otros miembros de la familia, a ti mismo y a Dios. ¿Cómo ha afectado esto la confianza entre ustedes?

4. Ahora, trabaja lentamente a través de los siete pasos como una forma de prepararte para escribir una carta de disculpa a tu cónyuge.
5. Escribe la carta dirigida a tu cónyuge pasando por los siete pasos. Ten cuidado de asumir toda la responsabilidad y sé específico acerca de las actitudes y los comportamientos que han sido dañinos. No olvides reconocer el dolor de tu cónyuge y lo que harás para cambiar. Luego pide perdón al final de la carta.

Con tu cónyuge

1. Acuerden una hora y un lugar que sea tranquilo y les de suficiente tiempo para compartir sus cartas entre ustedes.
2. Oren juntos lentamente el Padrenuestro e inviten al Espíritu Santo a que los guíe.
3. Tomen turnos para leerse las cartas.
4. Lee despacio y haz una pausa después de cada sección para darle a tu cónyuge la oportunidad de expresar su dolor.
5. No hablen de las cartas en este momento. Simplemente léanlas y escúchenlas. Cuando tu cónyuge haya terminado, agradécele el regalo que te ha hecho al ofrecerte sus disculpas. Si estás listo para perdonarlo, di: "Te perdono". Si no estás listo para perdonar ahora, escríbele una carta más tarde cuando estés listo y siéntate y compártela cara a cara.
6. Después de que ambos hayan compartido sus cartas, entrégueselas para que ustedes puedan reflexionar sobre ellas más tarde en soledad y en oración.
7. Ofrece una oración de acción de gracias a Dios por tu cónyuge y por el tiempo que ustedes acaban de compartir juntos.

CONCLUSIÓN

UN LEGADO DE AMOR

Como hijos amadísimos de Dios, esfuércense por imitarlo.

—Efesios 5:1

A lo largo de este libro, hemos estado aprendiendo sobre el diseño de Dios para el matrimonio como modelo para nuestra felicidad y realización. Desde el principio de la creación, Dios nos destinó a experimentar la comunión con nuestro cónyuge como expresión de nuestra unión con él. Esto es lo que prometimos cuando nos casamos y lo que significa *ser devotos*. Pasamos la primera parte del libro (parte I, "Hacerse uno") explorando cómo desarrollar la comunión en las cinco áreas clave de la unidad marital. Te invité a componer un discurso sobre el estado de tu unión, examinando cómo tú y tu cónyuge experimentan esas cinco áreas clave de comunión en el matrimonio. Las preguntas de reflexión y las actividades para parejas fueron oportunidades para crecer en la comprensión y la comunión mutua.

Más tarde, notamos cómo nuestras debilidades humanas—nuestros pecados, heridas y egocentrismo—dificultan vivir la intención de Dios en la práctica. En la parte II, "La sanación y la reconciliación", propuse que todo matrimonio necesita la sanación de las heridas y los pecados en los que incurrimos tanto antes del matrimonio como dentro de la relación. Estas heridas, pecados y debilidades de carácter a menudo son más evidentes en nuestros conflictos maritales aparentemente irresolubles. Hablamos sobre cómo comprender estos conflictos nos permitirá crecer en la unidad y sanar nuestras heridas subyacentes. Luego nos enfocamos en cómo podemos sanar y restaurar la confianza a través del perdón, la disculpa genuina y el crecimiento en la virtud.

Si tu matrimonio es como el mío y el de Margie, te das cuenta de que todavía tienes un largo camino por recorrer para vivir en la plenitud de la intención de Dios para tu relación. Toda pareja casada enfrenta obstáculos que se interponen en el camino de amarse bien. Como compartí a lo largo del libro, a veces sentí esta brecha aguda en mi matrimonio con Margie. En otras ocasiones, experimentamos el sabor del cielo cuando nos amábamos bien. También puedes experimentar el amor genuino, pero aun así sabes que hay una brecha entre lo que deseas y cómo tu matrimonio actualmente no está a la altura de esos deseos. No importa qué tan bien o mal ames a tu cónyuge y te sientas amado, sabes que estás creado para mucho más. Esta brecha entre nuestros votos y nuestras experiencias nos dirige hacia Dios como la fuente de nuestra realización. Vivimos con la esperanza de ver venir su reino "en la tierra como en el cielo".

Jesús trajo el cielo a la tierra para revelar el amor misericordioso del Padre. Caminó por la tierra, enseñó sobre el reino de Dios y sanó enfermedades para brindarnos vislumbres de la vida plena que desea para cada uno de nosotros. Al morir en la Cruz, rompió el poder del pecado y nos mostró cómo es el verdadero amor. Después de resucitar de entre los muertos, nos dio los sacramentos de su amor como conducto a través del cual pudiéramos tener comunión con él. Estos sacramentos comunican el poder de resurrección del Espíritu Santo y son la fuente de nuestra comunión y sanación con Jesús y entre nosotros[1].

Todos los sacramentos funcionan al unísono con el Sacramento del Matrimonio, permitiéndonos sanar y reconciliarnos en las innumerables formas en que hemos fallado en dar y recibir amor. También nos brindan la gracia de amar libre, plena, fiel y fructíferamente. Estamos llamados a vivir en la plenitud del amor que nos prometimos cuando pronunciamos nuestros votos sagrados el día de nuestra boda. En esos votos, prometimos amarnos el uno al otro como Cristo nos ama (ver Ef 5:1b y 5:25). Esta plenitud de amor se puede resumir en tres palabras simples pero poderosas: la *seguridad*, la *madurez* y la *pureza*.

La seguridad, la madurez y la pureza

La *seguridad* significa estar *arraigado y cimentado en el amor de Dios* (ver Ef 3:17). Su amor es la fuente de nuestro amor en el matrimonio. Nada más en la vida puede proporcionar ese sentido fundamental de confianza y estabilidad que cada uno necesita para prosperar. Siguiendo el ejemplo de la alianza del amor de Cristo, nuestros votos sagrados nos permiten ser devotos de por vida (el capítulo 1). Proporcionan el pegamento espiritual que solidifica un vínculo seguro entre nosotros. A partir de esta base de confianza, podemos crecer en la unidad en cinco áreas clave (el capítulo 2) a través de la unidad espiritual (el capítulo 3), la intimidad emocional (el capítulo 4), el compañerismo diario (el capítulo 5), el trabajo en equipo cooperativo (el capítulo 6) y la realización sexual (el capítulo 7). Cada una de estas áreas de comunión ayuda a profundizar nuestra confianza y unidad en el matrimonio mientras nos lleva a una mayor madurez.

La *madurez* es un *proceso de crecer en semejanza a Cristo* (ver Efesios 4:13). Al hacerlo, desarrollamos una mayor capacidad de amar y perdonar. A medida que maduramos en el amor, simultáneamente crecemos en todas las virtudes, ayudándonos a nosotros mismos y a nuestro cónyuge a cultivar un carácter semejante al de Cristo (el capítulo 10). A medida que maduramos en el amor y las otras virtudes, desarrollamos la capacidad de someternos a Dios y a los demás, aumentando nuestra intimidad espiritual y emocional (los capítulos 3 y 4), estableciendo nuestras prioridades en el orden correcto (el capítulo 5) y aprendiendo a cooperar (el capítulo 6). Esto, a su vez, nos ayuda a entregarnos en el amor (el capítulo 7) y a afrontar nuestros conflictos de manera madura (el capítulo 8).

Finalmente, la madurez requiere nuestra dedicación a la sanación y la reconciliación continuas (los capítulos 9 y 10). El diácono James Keating observa: "'Sufrir' la sanación de tu cónyuge es soportar su conversión espiritual, moral y emocional por medio de tu gracia y amor prometido. El fin espiritual del matrimonio católico es mediar la gracia de Dios para la conversión mutua de los cónyuges"[2]. En otras palabras, el matrimonio católico es la vocación por la cual nos animamos el uno al otro y a nuestras familias en el camino de la santidad. Esto requiere que cada uno de nosotros crezca en pureza.

En la *pureza*, nos amamos unos a otros como Cristo nos ama, *con entrega total* (ver Ef 5:25). La pureza es el resultado natural de la seguridad y la madurez (Efesios 5,1–4). En la pureza, podemos ver a nuestro cónyuge a través de los ojos de Cristo y ver la bondad y la belleza de Dios en él o ella a pesar de sus debilidades humanas. Hacemos esto cuando superamos nuestros juicios temerosos y nos miramos a nosotros mismos y a nuestros compañeros con compasión (el capítulo 9). Así es como superamos los obstáculos y los patrones destructivos que debilitan la confianza y dificultan la intimidad (el capítulo 8).

Cultivamos la pureza al invitar al Espíritu Santo a cada área de nuestra relación, incluso al hacer el amor. La pureza es la clave para la realización sexual, ya que la lujuria se transforma en el amor puro (el capítulo 7). La pureza se vuelve evidente fuera del dormitorio cuando dejamos de culpar a nuestro cónyuge por nuestras reacciones exageradas y comenzamos a comprender y asumir la responsabilidad de nuestra parte en los conflictos maritales (el capítulo 8). La pureza aumenta a medida que sanamos nuestras heridas y nos perdonamos unos a otros por las formas en que nos han lastimado (el capítulo 9). La pureza también crece cuando nos humillamos y nos disculpamos por las formas en que causamos daño a nuestro cónyuge y luego nos comprometemos a crecer en la santidad (el capítulo 10).

Crecer en la santidad es el desafío de todo matrimonio. Todo matrimonio cristiano está destinado a ser un anticipo y signo del amor de Cristo por toda la eternidad. Nada importa más en el matrimonio que prepararse mutuamente para el día de nuestra boda con nuestro Esposo eterno. Sentí esta realidad profundamente cuando le entregué a Margie a Jesús el último día de nuestro matrimonio terrenal. Un poco más de un año después de su muerte, en el Día de los Muertos, tuve lo que parecía un sueño inspirado en el que recibí un paquete del cielo con algo escrito. Inmediatamente reconocí la escritura como la de Margie. Sus palabras me conmovieron profundamente: "Soy tu mayor logro en la tierra. Gracias por ayudarme a llegar aquí (al cielo)".

Tan conmovido como yo estaba por el mensaje, también me preguntaba por qué el paquete se cortó por la mitad, ya que solo vi la mitad. Mientras oraba, entendí que la otra mitad me representaba. Dios nos dio como un regalo el uno para el otro. La imagen no estará completa hasta que llegue con Margie al cielo y comparta la gloria de Jesús con ella, acompañados por todos nuestros seres queridos. Esto es por lo que rezo cada mañana. Le pido a Jesús (con la intercesión de Margie) que me prepare a mí y a todos nuestros seres queridos para el último banquete de bodas. Este será el legado final de nuestro matrimonio, un legado de amor.

Un legado de amor

Como habrás notado a lo largo de este libro, he hablado poco sobre la vida familiar, porque mi atención se ha centrado principalmente en el matrimonio, que es la piedra angular de la familia. Como va el matrimonio, también va la familia (en gran medida). Nuestros matrimonios existen primero como testigos del amor de Cristo en la Iglesia y en el mundo, luego para nuestro beneficio mutuo y finalmente *para el beneficio de nuestros hijos y las generaciones venideras*. Esta realidad me llegó de manera poderosa hace unos años cuando Dios me habló a través de otros acerca de las gracias que nuestro matrimonio trajo a las generaciones de nuestra familia, a pesar de todas las luchas que tuvimos que superar.

Los mensajes proféticos fueron entregados en dos ocasiones distintas, por dos hombres diferentes. La primera vez, estas palabras inspiradas me fueron dirigidas a mí solo. La segunda vez, el mensaje se le dio a mi hija Kristen mientras yo estaba presente. Creo que Dios quería darnos un vistazo de los muchos frutos hermosos de nuestro matrimonio cuando no podíamos verlo claramente porque estábamos demasiado inmersos en la lucha.

Esta es una paráfrasis del primer mensaje profético que recibí (Dios habló a través de otra persona): "Quiero que sepas que veo tu fidelidad en tu matrimonio en todo lo que has atravesado. Por todo lo que has sufrido en amor, tus hijos y nietos caminarán en libertad y disfrutarán los frutos de todo lo que has ganado en intercesión por ellos. Todos me conocerán y me amarán. Sus matrimonios y familias serán bendecidos más allá de lo que hayas conocido en tu niñez y en tu matrimonio". Al escuchar estas palabras, supe que eran del Señor. Al instante me conmovió hasta las lágrimas. Pero luego, por mucho que me conmovió en el momento, luego dudé.

Entonces Dios lo afirmó de nuevo. Esta vez, el mensaje estaba dirigido a mi hija Kristen. Esta es una paráfrasis de lo que escuché al segundo hombre proclamarle: "Debido a lo que pasó tu padre, confiando en mí y siendo fiel a lo que le he pedido que haga, tú, tu hermana y tu familia se levantarán sobre los hombros del matrimonio de tus padres. No tendrás que luchar como ellos para superar los problemas que trajeron a su matrimonio. Han establecido un camino claro para que tú y tu familia caminen".

Mientras yo escuchaba estas palabras de aliento provenientes del Espíritu Santo a través de este hombre, comencé a llorar de nuevo (vuelvo a llorar escribiéndolas). Dios estaba confirmando mis anhelos más profundos. Siempre he deseado una sagrada familia dedicada a Cristo. Margie y yo nos casamos en la Iglesia de la Sagrada Familia, en vísperas de la Fiesta de la Sagrada Familia. Aunque a menudo fallamos en amarnos el uno al otro de la manera que prometimos en nuestros votos matrimoniales, Jesús continuó redimiendo nuestro amor. Él tomó todos nuestros fracasos sobre sí mismo en la Cruz y continúa transformándolos por su gracia.

Creo que esos mensajes proféticos que recibí no son solo para mí y mi familia. Son para ti y tu familia también. Las promesas para tu matrimonio son condicionales, siempre y cuando sigas poniendo en práctica las verdades que has aprendido a lo largo de tu vida. Este es el mensaje final que quiero dejarte. Sé que el matrimonio puede ser difícil. Sé lo que es querer rendirse y encontrar el amor en otro lugar. Pero no hay otro amor fuera del amor que Dios ordena (ver 1 Jn 4:7). El día de nuestra boda, Dios nos dio como regalo que nos amemos el uno al otro libre, plena, fiel y fructíferamente "hasta que la muerte nos separe".

¡No te rindas! La misericordia de Dios es mayor que cualquiera de tus fracasos o los de tu cónyuge. La gracia de Dios es más fuerte que cualquiera de las debilidades de tu carácter. El amor de Dios es más abundante que cualquier cosa que anheles o que puedas desear para tu matrimonio. Creo con todo mi corazón que él desea derramar su amor en tu matrimonio y bendecir a tu familia para las generaciones venideras. Sé que es verdad. Lo he probado y he visto a muchas otras parejas experimentar la bendición de su matrimonio al someterse el uno al otro por reverencia a Cristo (ver Ef 5:21).

Para terminar, ofrezco esta bendición para ti y tu matrimonio (a través de un salmo del rey David):

> Felices los que temen al Señor
> y siguen sus caminos . . .
> Tu esposa será como vid fecunda
> en medio de tu casa,
> tus hijos serán como olivos nuevos
> alrededor de tu mesa.
> Así será bendito
> el hombre que teme al Señor.
>
> ¡Que el Señor te bendiga . . .
> puedas ver la dicha de Jerusalén
> durante todos los días de tu vida!
> ¡Que veas a los hijos de tus hijos! (Sal 128,1, 3–5)

Que continúes viviendo estas bendiciones en tu matrimonio, y que aumenten y abunden en las generaciones venideras. Estas preguntas finales de reflexión, junto con la actividad para parejas, están destinadas a ayudarte a vivir estas bendiciones todos los días de tu vida.

Tómate un momento

1. ¿Cómo evaluarían ustedes su seguridad, madurez y pureza como pareja casada?
2. ¿Cuál es el legado que quieren dejar a sus hijos y nietos?

3. ¿Qué cambios son necesarios en su vida y matrimonio para dejar tal legado?

Actividad para parejas: sé devoto

Tomen la firme decisión de *dedicarse* el uno al otro. Una forma práctica de hacer esto es incorporar las diversas actividades para parejas de todo el libro en la vida diaria (ver el apéndice 1). Si te resulta abrumador hacer todo esto a la vez, agrega una práctica a la semana hasta que las hayas incorporado todas. Si tu cónyuge no está motivado, aún puedes practicar estas actividades tú mismo. No cedas ante excusas o racionalizaciones. Recuerda que este es el legado más importante que puedes dejar a tus hijos y tus nietos, y tus elecciones tienen consecuencias tanto temporales como eternas.

1. Toma la firme decisión de dedicarte a Dios y a tu cónyuge (Introducción).
2. Establece una ocasión especial para reafirmar tus votos matrimoniales ("Dedicado de por vida").
3. Al final de cada mes, repasa el "Estado de tu unión" evaluando tu relación en las cinco áreas clave de comunión ("Cinco áreas clave de unidad").
4. Oren juntos a una hora establecida cada día, invitando a la bendición y protección de Dios a su matrimonio, llevando todas sus preocupaciones al Padre y agradeciéndole por todo lo que ha dado ("Arraigado en Cristo: la unidad espiritual").
5. Practica ser vulnerable y expresa empatía al compartir tus alegrías y tristezas al final de cada día ("De corazón a corazón: la intimidad emocional").
6. Planifica actividades diarias, semanales y anuales que ambos disfruten, y luego sigue hasta el final ("Mano a mano: el compañerismo diario").

7. Una vez a la semana, dedica treinta minutos a practicar la sumisión mutua y el acuerdo entusiasta sobre un tema específico de tu matrimonio ("Lado a lado: el trabajo en equipo cooperativo").
8. Cuando ustedes se expresan su amor mutuo en el abrazo conyugal, oren juntos primero y luego dense libre, plena, fiel y fecundamente, como renovación de sus votos matrimoniales ("Cuerpo y alma: la realización sexual").
9. Cuando surjan conflictos, pon atención a la diferencia entre el problema de contenido y los problemas relacionales subyacentes ("Comprender las raíces de los conflictos").
10. Comprométete a desarraigar los patrones de relaciones destructivas en tu matrimonio y practica perdonar a tu cónyuge cada vez que te sientas ofendido ("La sanación y el perdón").
11. Continúen reconociendo humildemente sus fallas en amarse el uno a otro. Pidan disculpas, hagan las paces y dedíquense a crecer en un carácter cristiano todos los días ("Restaurar la confianza rota").
12. Mantén tu enfoque en el panorama general. Crece en la seguridad, la madurez y la pureza. Deja un legado de amor para tus hijos y tus nietos ("Conclusión: un legado de amor").

RECONOCIMIENTOS

A lo largo de mi vida, he sido bendecido por un amor devoto. Aunque imperfecto y a veces distorsionado, nunca he dudado del amor de mi familia, amigos, mi Padre celestial y la Comunión de los Santos que me rodean. Estoy agradecido por cada uno de ustedes.

Gracias, Padre, Jesús y Espíritu Santo, literalmente por todo, y especialmente por revelar la esencia del amor devoto.

Gracias, San Juan Pablo II, por expandir nuestra visión del matrimonio y la vida familiar para que podamos vislumbrar la belleza y majestuosidad del diseño de Dios para el Sacramento del Matrimonio.

Gracias, Christopher West y todos los del Instituto de Teología del Cuerpo, por su dedicación y pasión para hacer que las enseñanzas de Juan Pablo II sean accesibles para tantos.

Gracias, mamá y papá, por su amor por mí y nuestra familia. Aunque su matrimonio finalmente se rompió, siguió afirmando lo que la Iglesia enseñaba sobre el matrimonio. Su enseñanza y su ejemplo temprano fueron mis primeras inspiraciones.

Gracias a cada miembro de mi familia extendida, hermanos, sobrinos, tíos y abuelos por su amor y apoyo. Has enriquecido mi vida y el amor por la familia.

Gracias al padre Richard Knuge. El curso que impartió en la Escuela Secundaria Chaminade primero despertó mi pasión por estudiar la visión cristiana relacionada con el matrimonio, la familia y la psicología.

Gracias a todos mis profesores de *Florida State University* y mis compañeros de posgrado que compartieron mi pasión por estudiar el matrimonio y la vida familiar. Ustedes ayudaron a abrir mi entendimiento.

Gracias, Bill y Pat Beckett, por presentarnos el Encuentro Matrimonial y por ayudarme con mi investigación sobre el enriquecimiento marital.

Gracias, Jim y Lois Galbraith, por mostrarnos a mí y a nuestra comunidad la belleza del amor conyugal devoto. Gracias por el amor y la amistad, por revisar este manuscrito y por alentarme siempre en mis escritos.

Gracias, Greg y Julie Alexander, Jeannie y Bruce Hannemann, Greg y Stephanie Schlueter, Paul y Gretchen George y Ryan y Mary-Rose Verret por su dedicación de por vida a construir y restaurar matrimonios santos. Agradezco a cada uno de ustedes por su disposición a revisar este libro y ser testigos de la realidad que traté de comunicar.

Gracias, Gregory Popcak, Willard Harley y Gary Chapman, por su sabiduría e investigación sobre el matrimonio y su dedicación de por vida a ministrar a las parejas casadas. Los cité a menudo a lo largo de este libro, porque ustedes han caminado íntimamente con parejas casadas y saben lo que marca la diferencia.

Gracias a la hermana Miriam James Heidland, al padre Tom Dillon, al padre John Burns, Candace Ochoa, Tori Vissat, Kelly Mullins, Mike y Terese Jensen, Nicole y Lance Rodríguez, Sayli y Steven Samol, Christopher y Stephanie Lafitte, Peggy Schuchts (mamá) y Kathy Tafuri, por revisar este libro en diferentes etapas. Agradezco su honestidad y su aliento, y más que eso, su amor y su amistad.

Gracias a todo nuestro equipo en el Centro de Sanación Juan Pablo II: A partir de 2020, Judy Bailey, Kim Glass, Kristen Blake, Maria Botero, Bart Schuchts, Ken Kniepmann, la hermana Miriam James Heidland, Carrie Daunt, Duane Daunt, Alane Howard, Melissa Perez, Nicole Rodríguez y Colleen Nixon. Me encanta compartir esta misión con ustedes. Cada uno está apasionadamente dedicado a amar a Cristo y servir a su Novia, la Iglesia.

Gracias a los miembros de nuestra junta y a todos nuestros Amigos de Juan Pablo II. Ustedes tienen una parte en este libro debido a las formas en que apoyan esta misión. Aprecio su dedicación para lograr la transformación en el corazón de la Iglesia.

Gracias a mi querida familia por todo su amor y apoyo. Ustedes son testigos del amor perdurable por mí y por muchos otros. Particularmente, doy gracias a Stephen y Kristen, Carrie y Duane, por vivir las verdades contenidas en este libro. Los quiero muchísimo.

Gracias, Anna, Drew, Ryan, Jack, Luke, Lily, Elle y Will (nuestros nietos). Cada uno trae tanta alegría y satisfacción para mí y para todos nosotros. Ustedes son el fruto del amor devoto de sus padres, y sé que lo vivirán fielmente en la próxima generación. Lo amo y me deleito en ustedes.

Finalmente, gracias a todo el dedicado personal de Ave Maria Press y especialmente a Kristi McDonald, mi editora. Kristi, es un placer compartir este trabajo contigo. Gracias por tu pasión por este proyecto desde el principio y por todo el trabajo extra que hiciste para ponerlo en marcha, ayudándome a superar mi bloqueo de escritor, tus útiles conocimientos, sirviendo como mi enlace con Ave y llevando este libro a su conclusión.

APÉNDICE 1

EXAMEN DIARIO COMO PAREJA

Alianza: ¿Nos amamos, honramos y valoramos el uno al otro hoy? ¿Fuimos fieles y leales el uno al otro en pensamiento, palabras y acciones?

ശ

Unidad Espiritual: ¿Estábamos en unidad espiritual hoy? ¿Oramos juntos y el uno por el otro durante el día? ¿Estaba Cristo en el centro de nuestro matrimonio hoy?

ശ

Intimidad emocional: ¿Nos sentimos conectados emocionalmente hoy? ¿Reconocimos y compartimos nuestras emociones con amor?

ശ

Compañerismo: ¿Disfrutamos pasar tiempo juntos hoy? ¿Qué hicimos juntos que fue agradable y nutritivo?

ശ

Trabajo en equipo: ¿Qué tan bien cooperamos hoy como pareja? ¿Consideramos el interés de cada uno y nos sometemos mutuamente en nuestra toma de decisiones?

ശ

Afecto físico: ¿Nos hemos sentido conectados física, emocional y espiritualmente hoy, a través de la mirada, el tacto, los abrazos o la intimidad sexual?

ഗ

Sanación y reconciliación: ¿Resolvimos algún problema entre nosotros hoy? ¿Estamos en verdadera paz el uno con el otro cuando nos acostamos?

ഗ

Atención especial: ¿Qué área de nuestra relación necesita nuestra atención especial hoy? ¿Qué haremos mañana para mejorarla?

APÉNDICE 2

ORACIONES PARA FOMENTAR LA UNIDAD

Soltar los apegos malsanos a los padres

Padre celestial, reconozco que no he dejado completamente a mis padres para unirme a mi cónyuge. Ahora renuncio a cualquier apego malsano que tenga con cualquiera de mis padres. Te los entrego, Padre, y te pido que les des la gracia de soltarme. Declaro que mi principal lealtad es para ti y mi cónyuge. Rezo esto en el nombre del Padre, del Hijo y del Espíritu Santo. Amén.

Soltar los apegos malsanos a los niños

Padre celestial, reconozco que he formado apegos malsanos a mis hijos, y que esto no es saludable para su crecimiento y desarrollo y para mi relación con mi cónyuge. Te pido la gracia de soltar ahora esos apegos malsanos y formar un vínculo saludable con mi cónyuge, en el nombre del Padre, del Hijo y del Espíritu Santo. Amén.

Renunciar a los lazos impíos del alma

Padre, te pido perdón por mi relación impía con _____ (nombre) en el pasado o presente (si no sabes el nombre de una persona, entonces ofrece la persona sin nombre). Renuncio a cualquier vínculo impío—mental, emocional, física, sexual o espiritualmente—que formé con esa persona. Ahora rompo y corto formalmente estos lazos y te ofrezco a esta persona. En el nombre del Padre, del Hijo y del Espíritu Santo. Amén.

Oración para ser un mejor esposo

Señor, admito que soy incapaz de amar a mi esposa sin tu ayuda. Te pido que tu gracia se perfeccione en mi debilidad, para poder darme libre, plena, fiel y fructíferamente a mi esposa, y nutrirla y cuidarla como el regalo que ella es para mí. Señor, ayúdame a ser receptivo a tu alianza conmigo, para que pueda recordar mis votos de la alianza sagrada con mi esposa. Gracias por escuchar mis oraciones. Amén.

Oración para ser una mejor esposa

Señor, admito que cuando cierro mi corazón en autoprotección y busco formas externas falsas de atractivo, pierdo mi verdadera belleza interior y mi capacidad de ser quien me llamaste a ser. Pido tu gracia para ser restaurado en mi verdadera naturaleza y belleza, ser receptivo a mi esposo y nutrir nuestra comunión con ternura y confianza. Ayúdame a vivir siempre mi llamado a fomentar la comunión en nuestro matrimonio. Ayúdame a amar a mi esposo libre, plena, fiel y fructíferamente. Gracias por escuchar mis oraciones. Amén.

Oración de bendición del cónyuge

Padre celestial, tú eres la fuente de toda bondad y bendición. Por favor derrama tu amor y bendición sobre mi (esposo/esposa) hoy y llénalo/a con el conocimiento de tu amor y su propia bondad. Pido una bendición especial en esta área de la necesidad específica de mi (esposo/esposa) hoy (nombre de la necesidad específica ______). Gracias por escuchar mi oración.

Oración por la unidad espiritual como pareja

Padre celestial, ayúdanos a ser uno en Cristo, a través del poder de tu Espíritu Santo. Que venga tu reino, y que se haga tu voluntad en cada área de nuestro matrimonio, como en el cielo.

Oración por el trabajo en equipo

Padre celestial, te entrego mi voluntad. Ayúdame a someterme a ti y a mi cónyuge por reverencia a Cristo. Ayúdame a buscar los intereses de mi (esposo/esposa) así como los míos. Revélanos tu voluntad. Permítenos llegar a un acuerdo entusiasta, contigo y entre nosotros. Te lo pido en el santo nombre de Jesús. Amén.

Oración antes de hacer el amor

Padre celestial, gracias por el regalo de mi (esposo/esposa). Por favor, bendícenos y protégenos a cada uno de nosotros en cuerpo, alma y espíritu para que podamos darnos libre, plena, fiel y fructíferamente el uno al otro. Te pido que envíes tu Espíritu Santo para que podamos amarnos profundamente y con un corazón puro, con gozo, paz, pasión, mansedumbre, generosidad y continencia.

Oración en medio del conflicto

Padre celestial, gracias por hacernos diferentes, incluida la forma en que vemos las cosas de manera diferente. Por favor, ayúdanos a reverenciarnos y entendernos en nuestras diferencias y a mantener un corazón tierno incluso cuando estemos en medio del conflicto.

Oración por el perdón

Padre misericordioso, te pido que me perdones por las formas en que te he ofendido a ti y a mi cónyuge. Por favor, dame la gracia de perdonar a mi (esposo/esposa) como me has perdonado a mí.

Oración para soltar los juicios temerosos

Padre misericordioso, ayúdame a soltar mis juicios temerosos y ver a mi (esposo/esposa) como lo/la ves tú, en totalidad y con amor y verdad. En el santo nombre de Jesús, ahora renuncio a este terrible juicio (nombra el juicio _____) hacia mi (esposo/esposa) y lo/la perdone por lastimarme. Espíritu Santo, te pido que me muestres dónde están arraigados mis juicios en mis miedos e inseguridades (dedica tiempo a escuchar en oración).

Oración para restaurar la confianza

Padre misericordioso, me doy cuenta de que cada vez que hiero a mi (esposo/esposa) estoy hiriendo a Cristo. Pido la gracia de la humildad para poder ver mis propias faltas, asumir toda la responsabilidad de mis acciones, disculparme humildemente y remediar la situación, para que nuestra paz y confianza puedan ser restauradas.

Oración por la bendición generacional

Padre misericordioso, prometes bendecir a los que te aman por mil generaciones. Pido ahora la capacidad de vivir en comunión contigo, en cada área de mi vida, y muy especialmente en nuestro matrimonio. Te pido que bendigas nuestro amor para que las generaciones venideras crezcan en un legado de fe, esperanza y amor. Gracias por tu bondad hacia nosotros. Amén.

APÉNDICE 3

RECURSOS PARA LA SANACIÓN

Si has completado este libro, probablemente tengas una mayor conciencia de tu necesidad de la sanación, individualmente y como pareja. Los siguientes recursos para apoyar tu sanación personal y marital están disponibles en el sitio web del Centro de Sanación Juan Pablo II (www.jpiihealingcenter.org).

Conferencias

Puedes elegir entre una variedad de conferencias de sanación. *Unveiled* es la conferencia matrimonial que es paralela al material de este libro. Proporciona experiencias curativas y de construcción de intimidad que no se pueden comunicar completamente en un libro. Si no aparece actualmente en el sitio web, puedes consultar futuras conferencias enviándonos un correo electrónico a info@jpiihealingcenter.org.

Hay varias otras conferencias que tal vez quieras explorar. Las conferencias de cinco días (Sanación de Toda la Persona, Holy Desire (solo inglés y para sacerdotes) y Restore the Glory (solo inglés) brindan oportunidades para una sanación profunda. Las conferencias de dos o tres días brindan muchas oportunidades para la sanación. También hay conferencias individuales para las mujeres (*Undone*).

Discursos y libros de trabajo

Si no puedes asistir a una conferencia, puedes escuchar la enseñanza y trabajar personalmente con el material del libro de trabajo, individualmente o como comunidad. Las introducciones a los diferentes discursos están disponibles en la sección de la tienda para que puedas discernir qué discursos serían los mejores. Incluyen: *Unveiled, Ablaze, Healing the Whole Person, Restoring the Glory, Holy Desire* y *Real Suffering* (que incluye un libro, un diario, una serie de vídeos y una guía para líderes).

Libros

Sé sanado, *Sé transformado*, *Loved as I Am*, *Undone*, *Real Suffering* y *She Called My Name*. Las descripciones de cada uno se encuentran en el sitio web.

NOTAS

Introducción

1. Desarrollaré el proceso de esta transformación y sanación en nuestro matrimonio a lo largo del resto de los capítulos. Consulta el capítulo 1 de mi libro *Sé sanado: una guía para encontrar el amor de Jesús en tu vida* (Notre Dame, IN: Ave Maria Press) para obtener una descripción general de mi proceso de sanación.

2. Merriam-Webster, "devote (v.)", consultado el 16 de septiembre de 2019, merriam-webster.com/dictionary/devote (v.d.t.).

3. Dictionary.com, "devote (v.)", consultado el 16 de septiembre de 2019, dictionary.com/browse/devote (v.d.t.).

4. *The Order of Celebrating Matrimony*, segunda edición (Totowa, NJ: Catholic Book Publishing Corp., 2016).

5. *The Order of Celebrating Matrimony*, segunda edición, 2016.

1. Dedicado de por vida

1. La redacción está tomada de la versión más actualizada de *The Order of Celebrating Matrimonio*, segunda edición, 2016.

2. Escuché por primera vez estas cuatro características del amor de Christopher West. La enseñanza central se encuentra en los escritos de Juan Pablo II, *Familiaris consortio* (*Sobre la familia cristiana en el mundo actual*), 11–22.

3. Julián Carrón, *Disarming Beauty: Essays on Faith, Truth, and Freedom* (Notre Dame, IN: University of Notre Dame Press, 2017).

4. Cormac Burke, "Annulments: The Good of the Spouses, of the Family, and of the Church", *Linacre Quarterly* 67, 2000 no. 3 (agosto): http://www.cormacburke.or.ke/node/308.

5. Te recomiendo encarecidamente que ores a través de estos apegos "rompiendo los lazos impíos del alma". Entre los apegos más importantes que deben liberarse se encuentran los que se originan en relaciones sexuales previas, de hecho o de fantasía.

6. Consulta el apéndice 2 para ver las oraciones para soltar estos apegos.

7. *Código de derecho canónico*, canon 1055: "La alianza matrimonial, por la que el varón y la mujer constituyen entre sí un consorcio de toda la

vida, ordenado por su misma índole natural al bien de los cónyuges y a la generación y educación de la prole, fue elevada por Cristo Señor a la dignidad de sacramento entre bautizados".

8. James Keating, *Spousal Prayer: A Way to Marital Happiness* (Omaha, NE: Institute for Priestly Formation Press, 2013), 10.

2. Cinco áreas clave de unidad

1. Juan Pablo II, *Hombre y mujer los creó: la teología del cuerpo* (Boston: Pauline Books and Media, 2006), 9:2–3.

2. Christopher West, *Fill These Hearts: God, Sex and the Universal Longing* (Nueva York: Image Books, 2013).

3. La Iglesia otorga declaraciones de nulidad a las parejas que se han casado en la Iglesia, pero no logran establecer una verdadera alianza entre sí. Su matrimonio no es un sacramento válido porque no tenían las intenciones correctas.

4. Albert Mehrabian, *Silent Messages: Implicit Communication of Emotions and Attitudes* (Belmont, CA: Wadsworth Publishing, 1971). Él estima que el 7 por ciento de cualquier mensaje se transmite a través de palabras, el 38 por ciento a través del tono de voz y el 55 por ciento a través de expresiones faciales, gestos, posturas, etcétera.

5. John Gottman, *The Seven Principles for Making Marriage Work: A Practical Guide from the Country's Foremost Relationship Expert* (Nueva York: Crown, 1999), 6–7.

3. Arraigado en Cristo: la unidad espiritual

1. Tertuliano, *Ad uxorem*, 2:8, 6–8: CCL, 1, 393; citado por Juan Pablo II en *Familiaris consortio*, 13.

2. Squire Rushnell y Louise DuArt, *Couples Who Pray: The Most Intimate Act between a Man and a Woman* (Nashville, TN: Thomas Nelson, 2011). Gregory Popcak, *How to Heal Your Marriage and Nurture Lasting Love: When Divorce Is Not an Option* (Manchester, NH: Sophia Institute Press, 2014), 105.

3. Ann Voskamp, *One Thousand Gifts: A Dare to Live Fully Right Where You Are* (Grand Rapids, MI: Zondervan, 2011), 205.

4. Keating, *Spousal Love*, 7.

5. Keating, *Spousal Love*, 8.

6. Keating, *Spousal Love*, 7.

7. Voskamp, *One Thousand Gifts*, 193.

8. San Ignacio de Loyola en su duodécima regla de discernimiento espiritual dice que el enemigo es como un comandante de un ejército que busca nuestras áreas de mayor debilidad, para poder atacarnos y conquistarnos.

9. Véase *CIC* 2766; Gerhard Lohfink, *The Our Father: A New Reading* (Collegeville, MN: Liturgical Press, 2019).

4. *De corazón a corazón: la intimidad emocional*

1. Véase Gregory Popcak, *Exceptional Seven Percent: The Nine Secrets of the World's Happiest Couples* (Nueva York: Citadel Press Books, 2000).

2. Véase Gottman, *Seven Principles of Making Marriage Work*, 6; Willard F. Harley, Jr., *His Needs, Her Needs: Building an Affair-Proof Marriage* (Grand Rapids, MI: Revell, 1986).

3. Harley, *His Needs, Her Needs*.

4. Gottman, *Seven Principles of Making Marriage Work*.

5. Gary Chapman, *The 4 Seasons of Marriage* (Carol Stream, IL: Tyndale House, 2006).

6. Chad Ripperger, *Introduction to the Science of Mental Health*, tercera edición (Sensus Traditionis Press, 2013), 133–170.

7. Jay Stringer, *Unwanted: How Sexual Brokenness Reveals Our Way to Healing* (Colorado Springs, CO: NavPress, 2018), 193–202.

8. Véase Gottman, *Seven Principles of Making Marriage Work*, 31–48.

5. *Mano a mano: el compañerismo diario*

1. Véase Juan Pablo II, *Hombre y mujer los creó*, 5–7.

2. Véase Dennis Linn, Sheila Fabricant Linn y Matthew Linn, *Belonging: Bonds of Healing and Recovery* (Mahwah, NJ: Paulist Press, 1992); Harley, *His Needs, Her Needs*.

3. Popcak, *How to Heal Your Marriage*, 88.

4. James G. Friesen, E. James Wilder *et al.*, *The Life Model: Living from the Heart Jesus Gave You* (Lexington, KY: Shepherd's House, 2000), 61–62.

5. Jimmy Evans, *Marriage on the Rock: God's Design for Your Dream Marriage* (Dallas, TX: Marriage Today, 2005), 29.

6. El *Cursillo* es un fin de semana de retiro espiritual católico destinado a vivir nuestra fe en Cristo como el centro de nuestras vidas.

7. Popcak, *How to Heal Your Marriage*, 85, 88.

6. *Lado a lado: el trabajo en equipo cooperativo*

1. Cuento la historia de mi hermano Dave en *Sé sanado* y *Real Suffering*.

2. Willard F. Harley, Jr., *Give and Take: The Secret to Marital Compatibility* (Grand Rapids, MI: Revell, 1996). En un libro posterior, *He Wins, She Wins* [El gana, ella gana], Harley describe cómo abordar las áreas más desafiantes del matrimonio, incluidas las finanzas, la crianza de los hijos, la intimidad sexual, la administración del tiempo, la familia y los amigos, la unidad espiritual y la intimidad emocional, todo a través de este proceso de acuerdo entusiasta.

7. Cuerpo y alma: la realización sexual

1. Juan Pablo II, *Hombre y mujer los creó*, 109:2.

2. Juan Pablo II, *Hombre y mujer los creó*, 17:3.

3. Christopher West, *Heaven's Song: Sexual Love as It Was Made to Be* (West Chester, PA: Ascension Press, 2008), 67. West citaba la Teología del Cuerpo, 111:1.

4. Christopher McCluskey y Rachel McCluskey, *When Two Become One: Enhancing Sexual Intimacy in Marriage* (Grand Rapids, MI: Revell, 2004), 155.

5. John Eldredge y Stasi Eldredge, *Love and War: Find Your Way to Something Beautiful in Your Marriage* (Colorado Springs, CO: WaterBrook Press, 2011), 178.

6. Gregory Popcak, *Holy Sex! A Catholic Guide to Toe-Curling, Mind-Blowing, Infallible Loving* (New York: Crossroad Publishing Company, 2008), 109.

7. Juan Pablo II, *Hombre y mujer los creó*, 43:2.

8. Gottman, *Seven Principles for Making Marriage Work*, 26. El énfasis fue añadido.

9. Kimberly Hahn, *Life-Giving Love: Embracing God's Beautiful Design for Marriage* (Ann Arbor, MI: Charis Books, 2002), 54.

10. Popcak, *Holy Sex!* 24, 145.

8. Comprender las raíces de los conflictos

1. Gottman, *Seven Principles of Making Marriage Work*, 28.

2. Gottman, *Seven Principles of Making Marriage Work*, 28.

3. Art Bennett y Laraine Bennett, *The Temperament God Gave You: The Classic Key to Knowing Yourself, Getting Along with Others, and Growing Closer to the Lord* (Manchester, NH: Sophia Institute Press, 2005), 5–6.

4. Puedes encontrar estos recursos en línea en foccusinc.com y prepareenrich.com.

5. Consulta myersbriggs.org y discprofile.com.

6. John Gray es el autor de *Los hombres son de Marte, las mujeres son de Venus*. Mary Healy escribió *Men and Women Are from Eden* [Los hombres y las mujeres son del Edén], basado en la Teología del Cuerpo.

7. Véase Harley, *His Needs, Her Needs* y Gottman, *Seven Principles for Making Marriage Work*.

8. Esto estaba en una nota a pie de página del editor Michael Waldstein, en *Hombre y mujer los creó: una teología del cuerpo*. Véase también el libro del doctor Larry Crabb, Fully Alive, que describe el significado y la aplicación de estos términos.

9. Juan Pablo II, *Carta a las familias*.

10. Gottman, *Seven Principles for Making Marriage Work*, 42–45.

11. Véase Harley, *His Needs, Her Needs*.

12. Véase Lise Eliot, *Pink Brain, Blue Brain: How Small Differences Grow into Troubling Gaps—and What We Can Do about It* (Nueva York: Mariner Books, 2010).

13. Popcak, *Exceptional Seven Percent*, 117.

14. Véase Gary Chapman, *The 5 Love Languages: The Secret to Love that Lasts* (Chicago: Northfield Publishing, 2015), para obtener más información sobre los lenguajes del amor que identifica.

15. Véase, por ejemplo, Harley, *He Wins, She Wins*.

16. Juan Pablo II, homilía, Jornada Mundial de la Juventud, 28 de julio de 2002.

9. La sanación y el perdón

1. Gottman, *Seven Principles of Making Marriage Work*, 32–39.

2. Véase Richard Rohr, *A Lever and a Place to Stand: The Contemplative Stance, the Active Prayer* (Santa Mónica, CA: Hidden Springs Press, 2012).

3. Richard McAlear, *Forgiveness: Experiencing God's Mercy* (Enumclaw, WA: Winepress Publishing, 2006), 11. Véase también *CIC* 2840.

4. McAlear, *Forgiveness*, 15.

5. Si tienes interés en aprender cómo resolver estos problemas, nuestras conferencias, libros de trabajo y CD están disponibles en www.jpiihealingcenter.org.

6. Esta oración de perdón, junto con las oraciones para renunciar a los juicios, se pueden encontrar en www.jpiihealingcenter.org.

10. Restaurar la confianza rota

1. Gary Chapman, *The 4 Seasons of Marriage: Secrets to a Lasting Marriage* (Carol Stream, IL: Tyndale House, 2012), 73.

2. Chapman, *4 Seasons of Marriage*, 78.

3. Chapman, *4 Seasons of Marriage*, 80.

4. Los siete pasos de una buena disculpa son de Ken Sande, *The Peacemaker: A Biblical Guide to Resolving Personal Conflict* (Grand Rapids, MI: Baker Books, 2004), 126–32.

5. Henry Cloud y John Townsend, *Boundaries in Marriage: Understanding the Choices that Make or Break Loving Relationships* (Grand Rapids, MI: Zondervan, 2002).

Conclusión: un legado de amor

1. Véanse *CIC* 1087 y 1091 y también Bob Schuchts, *Sé transformado: el poder sanador de los sacramentos* (Notre Dame, IN: Ave Maria Press).

2. Keating, *Spousal Prayer*, 11.

Bob Schuchts es el autor de *Sé sanado*, *Sé transformado* y *Sé devoto*. Es el fundador del Centro de Sanación Juan Pablo II en Tallahassee, Florida, y coanfitrión del podcast *Restore the Glory* [Restaurar la gloria] con Jake Khym.

Después de recibir su doctorado en relaciones familiares de Florida State University en 1981, Schuchts se convirtió en maestro y consejero. Mientras estaba en la práctica privada, también impartió cursos de posgrado y pregrado en Florida State y Tallahassee Community College. Posteriormente, Schuchts se desempeñó como profesor en el Instituto de Teología del Cuerpo y en el Centro de Estudios Bíblicos, donde impartió cursos sobre la sanación, la sexualidad y el matrimonio, y fue instructor invitado del Instituto Agustín. Fue voluntario en el ministerio parroquial durante más de treinta años.

Se jubiló como terapeuta matrimonial y familiar en diciembre de 2014.

Schuchts tiene dos hijas y ocho nietos. Su esposa, Margie, murió en 2017.

Christopher West es cofundador, presidente y profesor titular del Instituto de Teología del Cuerpo.

Wendy West es la copresentadora del podcast *Ask Christopher West*.